코로나19 바이러스
"친환경 99.9% 항균잉크 인쇄"
전격 도입

언제 끝날지 모를 코로나19 바이러스
99.9% 항균잉크(V-CLEAN99)를 도입하여 「안심도서」로
독자분들의 건강과 안전을 위해 노력하겠습니다.

본 도서는 항균잉크로 인쇄하였습니다.

항균 + 99.9%
안심도서

항균잉크(V-CLEAN99)의 특징

- 바이러스, 박테리아, 곰팡이 등에 항균효과가 있는 산화아연을 적용

- 산화아연은 한국의 식약처와 미국의 FDA에서 식품첨가물로 인증받아 **강력한 항균력을** 구현하는 소재

- 황색포도상구균과 대장균에 대한 테스트를 완료하여 **99.9%의 강력한 항균효과** 확인

- 잉크 내 중금속, 잔류성 오염물질 등 **유해 물질 저감**

TEST REPORT

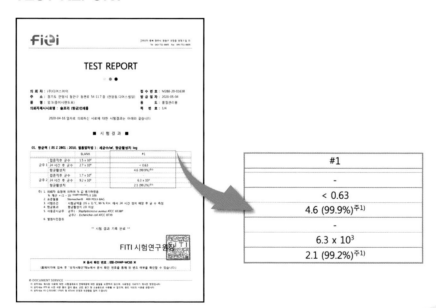

#1
-
< 0.63
4.6 (99.9%)주1)
6.3 x 10³
2.1 (99.2%)주1)

스마트한 생활을 위한

버전2

모바일 정보검색

정보검색

스마트폰 활용

시대인

이 책의 구성

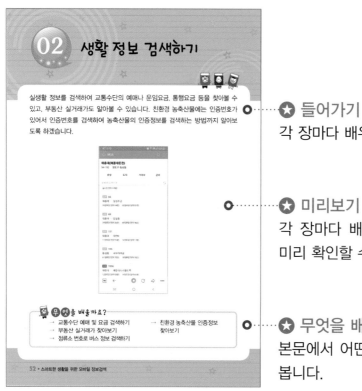

★ 들어가기
각 장마다 배우게 될 내용을 설명합니다.

★ 미리보기
각 장마다 배우게 되는 예제의 완성된 모습을
미리 확인할 수 있습니다.

★ 무엇을 배울까요?
본문에서 어떤 기능들을 배울지 간략하게 살펴
봅니다.

★ 따라하기
예제를 만드는 과정을 순서대로
따라하면서 쉽게 기능을 습득할 수 있습니다.

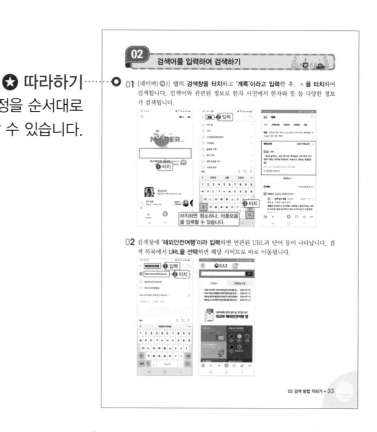

⭐ 배움터
본문에서 다루지 못한 내용이나 알아두어야
할 사항들을 추가적으로 설명합니다.

⭐ 디딤돌 학습

각 장마다 배운 내용을 토대로 한 번 더
복습할 수 있도록 응용된 문제를 제공합니다.
혼자 연습해봄으로써 실력을 다질 수 있습니다.

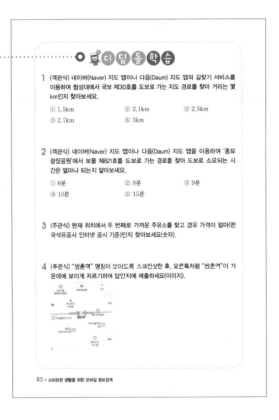

※ 해당 도서는 안드로이드폰을 활용한 도서입니다. 스마트폰의 기종, 버전이나 날짜에
따라 앱의 이름이나 검색 결과 및 각 사이트의 모습 등이 다를 수 있습니다.

목 차

Part 02

정보 검색 및 앱 활용하기

모바일
기본 기능 익히기

01 모바일 기기 실행하기

모바일 기기는 스마트폰(Smart Phone)과 태블릿(Tablet)이 있습니다. 스마트폰과 태블릿은 손가락이나 터치 펜으로 화면을 터치하여 쉽게 조작할 수 있는 소형의 휴대형 컴퓨터로 사용 방법은 비슷합니다. 모바일 운영체제에 따라 애플폰, 안드로이드폰으로 나뉘는데, 여기서는 안드로이드 운영체제를 사용하는 모바일 기기에 대해서 알아보겠습니다.

 무엇을 배울까요?

⋯▶ 모바일 기기의 명칭과 기능   ⋯▶ 홈 화면 구성 이해하기
⋯▶ 전원 켜기   ⋯▶ 화면 조작 방법 익히기

01 모바일 기기 살펴보기

스마트폰은 기본적으로 휴대폰 기능을 가지고 있고, 태블릿은 스마트폰처럼 유심을 꽂아서 휴대폰 기능을 갖고 있는 것과 와아파이로만 인터넷을 사용할 수 있는 것이 있습니다. 모바일 기기에 다양한 앱을 설치하여 SNS, 문서작업, 이메일, 카메라, 계산기, 일정관리 등을 할 수 있습니다. 태블릿은 화면이 더 크기 때문에 문서작업이나 그림, 동영상 편집 등을 할 때 더 편리합니다. 스마트폰과 태블릿은 크기 차이만 있을 뿐 각 부분의 이름이나 기능은 비슷하지만 태블릿은 터치 펜을 포함하고 있어서 필기를 하거나 그림 그릴 때 편리합니다.

02 스마트폰의 각 부분의 이름과 기능

버튼		기능
전원		• 길게 누르면 전원을 켜거나 끌 수 있습니다. • 짧게 누르면 화면이 켜지거나 잠깁니다.
음량(상)		소리 크기를 크게 조절합니다.
음량(하)		소리 크기를 작게 조절합니다.
내비게이션 바 (소프트웨어 버튼)	최근 실행 앱	짧게 터치하면 최근에 실행한 앱 목록이 나타납니다.
	홈	• 짧게 누르면 홈 화면으로 돌아갑니다. • 길게 누르면 Google 어시스턴트 앱이 실행됩니다.
	뒤로가기	짧게 터치하면 이전 화면으로 전환됩니다.

내비게이션 바(하드웨어 버튼)

스마트폰의 화면을 켜면 화면 하단 내비게이션 바에서 소프트웨어 버튼이 나타납니다. 소프트웨어 버튼은 [최근 실행 앱] 버튼, [홈] 버튼, [뒤로 가기] 버튼으로 기본 구성되어 있습니다. 스마트폰에 따라 전원 버튼이나 음량 버튼처럼 하드웨어 버튼으로 기기에 [최근 실행 앱] 버튼, [홈] 버튼, [뒤로가기] 버튼이 있는 스마트폰도 있습니다. 기능은 소프트웨어 버튼과 완전히 동일합니다.

[최근 실행 앱] 버튼　[홈] 버튼　[뒤로가기] 버튼

 태블릿 각 부분의 이름

01 모바일 기기의 전원을 켜려면 기기의 **[전원]** 버튼을 몇 초간 길게 누릅니다.

길게 누르기

02 전원을 켜면 잠금 화면이 나타나는데, **화면을 드래그**하여 잠금을 해제하면 홈 화면이 나타납니다.

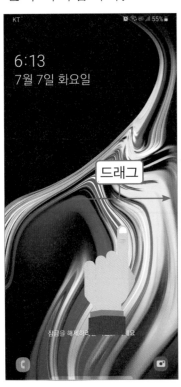

드래그

배움터 화면 잠금 방식 설정

모바일 기기의 보안을 위해 잠금 방식은 사용자가 임의로 설정할 수 있습니다. 보안 기능 없이 드래그하여 잠금 화면을 해제하는 방식으로 설정할 수도 있고, 패턴, 비밀번호, PIN 번호로 설정할 수도 있습니다. 또한 얼굴, 홍채, 지문을 등록하여 화면을 잠그고 열수 있는 인텔리전트 스캔도 사용할 수 있습니다. 화면 잠금 방식 설정에 따라 잠금 화면의 메시지가 다를 수 있습니다.

❶ 홈 화면 : 전원을 켜면 제일 먼저 보이는 시작 화면으로 앱, 위젯, 폴더 등으로 구성되어 있습니다.

❷ 위젯 : 앱을 더 편리하게 사용할 수 있도록 특정 기능을 바로 실행할 수 있게 만들어 놓은 도구입니다.

❸ 앱 : 애플리케이션을 줄여 앱이라고 하며, 스마트폰에 다운받아서 사용할 수 있는 응용프로그램입니다.

❹ 폴더 : 서로 관련되어 있는 앱을 묶어서 하나의 아이콘으로 나타낸 것입니다.

❺ 즐겨찾기 앱 : 자주 사용하는 앱의 바로가기를 홈 화면에 추가하여 빠르게 실행합니다.

배움터 앱스 화면

앱스 화면에서는 모든 앱과 새로 설치한 앱을 실행할 수 있는 화면입니다. 홈 화면에서 앱스 화면으로 전환하려면 홈 화면에서 위 또는 아래로 스크롤하여 화면을 전환합니다. 다시 앱스 화면에서 위 또는 아래로 스크롤하면 홈 화면으로 전환합니다.

스크롤

스크롤

터치하면 앱스 화면으로 이동

▲ 홈 화면   ▲ 앱스 화면

새 메시지나 부재중 전화 등의 알림이 있을 때 화면 상단의 상태 표시줄에 상태 아이콘이 나타나 알려줍니다. 상태 표시줄에 새로운 상태 아이콘이 나타나면 알림창을 아래로 드래그해 알림창을 열어 확인하고, 알림창을 닫으려면 화면을 다시 위로 드래그합니다.

❶ 전원 : 전원 끄기, 다시 시작, 긴급 모드 화면으로 전환합니다.

❷ 설정 : 설정 화면을 실행하여 환경 설정을 변경할 수 있습니다.

❸ 빠른 설정 버튼 : 빠른 설정 버튼을 이용해 다양한 기능을 켜고 끌 수 있습니다.

알림창을 아래로 드래그 하면 더 많은 버튼을 확인 하고 사용할 수 있습니다.

❹ 알림 내용 확인 및 기능을 실행할 수 있습니다.

❺ 알림 설정 : 알림 설정 메뉴 실행합니다.

❻ 지우기 : 모든 알림을 지웁니다.

배움터 빠른 설정 버튼 사용하기

알림창을 아래로 드래그하면 더 많은 빠른 설정 버튼을 볼 수 있습니다. 와이파이를 끄려면 빠른 설정 버튼에서 🛜를 터치하여 비활성화하면 모바일 데이터로 인터넷을 사용할 수 있습니다. 와이파이만 사용하려면 다시 🛜를 터치하여 활성화하고, 🔼를 터치하여 비활성화하면 와이파이로만 인터넷을 사용하여 개인 모바일 데이터는 사용하지 않게 됩니다. 다른 빠른 설정 버튼도 같은 방법으로 사용할 수 있습니다.

상태 아이콘

화면 상단의 상태 표시줄에 아이콘이 나타나 스마트폰의 현재 상태를 알려 줍니다. 다음과 같은
상태 아이콘이 나타날 수 있습니다.

LTE : LTE 네트워크에 연결됨	📶 : Wi-Fi에 연결됨
✳ : 블루투스 기능 켜짐	📍 : 위치 서비스 사용중
📞 : 음성 전화 수신	☎ : 부재중 전화
💬 : 문자 또는 MMS 수신	⏰ : 알람 수신 중
🔇 : 무음 모드 실행중	📳 : 진동 모드 실행중
✈ : 비행기 탑승 모드 실행중	⚠ : 오류 발생 또는 주의 필요
🔋 : 배터리 충전 중	🔋 : 배터리 양 표시

06 화면 조작 방법 살펴보기

- 누르기 : 앱을 실행하거나 화면에 나타나는 단추를 누
  를 때, 키보드를 이용해서 문자를 입력할 때는 화면을
  가볍게 누릅니다.

• 길게 누르기 : 아이콘이나 화면을 2초 이상 길게 누르면 숨은 기능이 나타나는데, 컴퓨터에서 마우스 오른쪽 단추를 눌렀을 때 나타나는 메뉴와 비슷합니다.

• 드래그하기 : 이동할 항목이나 아이콘을 길게 누른 채 원하는 위치로 이동할 때 사용합니다.

• 두 번 누르기 : 웹 페이지나 사진이 실행된 상태에서 화면을 빠르게 두 번 누르면 화면을 확대하거나 축소할 수 있습니다.

• 스크롤하기 : 화면을 상하좌우로 밀어서 다른 화면으로 이동할 수 있습니다. 웹 페이지나 목록 화면에서는 손가락을 위아래로 밀어서 스크롤할 수 있습니다.

- 오므리고 펼치기 : 웹 페이지, 지도, 사진 등이 실행된 상태에서 두 손가락으로 동시에 화면을 누른 후 펴거나 오므리면 확대하거나 축소할 수 있습니다.

화면 캡처 방법 살펴보기

모바일 기기의 브랜드나 모바일 운영체제와 상관없이 화면을 캡처하려면 [전원] 버튼과 [음량(하)] 버튼을 동시에 2초 이상 누르면 해당 화면이 캡처되어서 캡처 화면이 나타나고, 잠시 뒤에 사라집니다. 캡처한 이미지는 [갤러리()] 앱의 [스크린샷] 앨범에 저장됩니다.

[전원] 버튼과 [음량(하)] 버튼을 동시에 2초 이상 누르기

배움터 [홈] 버튼이 있는 모바일 기기의 경우

모바일 기기의 브랜드나 모바일 운영체제와 상관없이 홈 버튼이 있는 모바일 기기의 경우에는 화면을 캡처하려면 홈 버튼과 전원 버튼을 동시에 2초 이상 길게 눌러 화면을 캡처합니다.

[홈] 버튼과 [전원] 버튼을 동시에 2초 이상 누르기

디딤돌학습

1 스마트폰에 다운받아서 사용할 수 있는 응용프로그램을 무엇이라 하나요?

① 홈 화면 　　　　　② 앱 　　　　　③ 폴더

④ 위젯 　　　　　　⑤ 알림창

2 부재중 전화가 온 경우 상단에 표시되는 아이콘은 어느 것일까요?

① 📞 　　　　　② 📞 　　　　　③ 💬

④ ⏰ 　　　　　⑤ 🔕

3 아이콘이나 항목을 옮길 때 사용하는 화면 조작 방법은 어느 것일까요?

4 모바일 기기에서 화면을 캡처하려면 어떻게 해야 할까요?

① [전원] 버튼을 살짝 누르기

② 홈 화면 길게 누르기

③ [홈] 버튼을 살짝 누르기

④ [전원] 버튼과 [음량(상)] 버튼을 동시에 길게 누르기

⑤ [전원] 버튼과 [음량(하)] 버튼을 동시에 길게 누르기

02 앱 설치하고 실행하기

스마트폰의 응용 프로그램인 앱을 설치하여 실행하면 검색할 때, 길찾기등을 실행할 때 편리하게 사용할 수 있습니다. 더 편리하게 앱을 실행하기 위해 앱의 아이콘을 홈 화면에 추가하는 방법과 이동하는 방법, 폴더를 만드는 방법까지 알아보도록 하겠습니다.

 무엇을 배울까요?

⋯ 앱 실행하기   ⋯ 앱 아이콘 이동하기
⋯ 앱 설치하기   ⋯ 폴더 만들기
⋯ 홈 화면에 앱 아이콘 추가하기

01 홈 화면에서 실행할 **앱 아이콘을 터치(누르기)**합니다. 만약 인터넷을 실행하려면 **[삼성 인터넷(◯)] 앱을 터치**한 후, 빠른 실행에서 원하는 사이트를 선택하거나 '**검 색어 또는 URL 입력**'에서 검색어나 URL을 입력하여 검색합니다.

02 네이버 사이트에 접속하게 됩니다. 따로 해당 사이트의 앱을 설치하지 않아도 빠 르게 접속하여 다양한 정보를 검색할 수 있습니다.

배움터 Wi-Fi 설정하기

01 인터넷을 무료로 사용하려면 Wi-Fi를 설정해야 합니다. 홈 화면에서 [설정(⚙️)] 앱을 터치한 후, [연결]을 터치합니다. 와이파이를 연결하기 위해 [Wi-Fi]를 터치하고 [사용 안 함]을 터치하여 [사용 중]으로 활성화합니다.

02 주변의 와이파이 네트워크 목록이 나타나면 연결할 와이파이 네트워크를 터치합니다. 선택한 와이파이 네트워크가 보안 설정이 되어 있지 않으면 바로 연결되지만, 보안 설정이 되어 있는 경우에는 비밀번호를 입력한 후, [연결] 단추를 터치합니다. 선택한 와이파이 아래에 '연결됨'으로 표시되고, 상태 표시줄에 와이파이 아이콘(📶)이 표시됩니다.

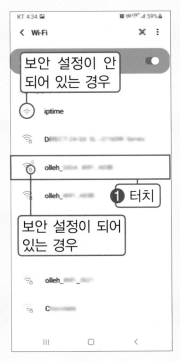  

01 홈 화면에서 [Play 스토어(▷)] 앱을 **터치**하면 Play 스토어가 실행됩니다.

02 Google Play의 검색창에 '**네이버**'를 **입력**한 후, ◯ 을 **터치**하여 검색합니다. '네이버-NAVER'의 [설치] 단추를 **터치**합니다.

03 설치가 완료되면 [열기] 단추를 터치하고, [네이버] 앱이 실행되면 [건너뛰기]를 터치합니다.

04 네이버 계정이 있는 경우에는 [네이버 로그인]을 터치하여 로그인하고, 아닌 경우에는 [나중에 할게요]를 터치합니다. [네이버 시작하기]를 터치합니다.

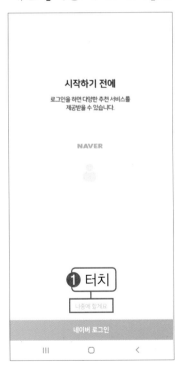

배움터 앱 종료하기

앱을 종료하려면 내비게이션 바에서 [뒤로가기(<)] 버튼을 종료가 될 때까지 터치합니다. 앱이 실행된 상태에서 [홈(○)] 버튼을 터치하면 앱이 숨겨진 채 홈 화면으로 이동합니다.

05 NAVER에서 내 기기 위치에 액세스하도록 허용하겠냐는 창이 나타나면 **[항상 허용]을 터치**합니다. 네이버 앱의 사용법을 읽어본 후, ✕**를 터치**하여 창을 닫습니다.

06 네이버 홈 화면이 나타납니다. 아래쪽의 **그린닷을 터치**한 후, ✕**를 터치**하여 창을 닫습니다. 검색창에 검색어 또는 URL을 입력하여 여러 정보를 검색할 수 있고, 그린닷을 활용하면 카테고리별 정보를 찾아 보거나 렌즈를 터치하여 QR 코드나 바코드를 검색할 수도 있습니다.

01 앱을 새로 설치하면 앱스 화면에는 모든 앱의 아이콘이 추가되지만 홈 화면에는 자동으로 추가되지 않습니다. 자주 사용하는 앱을 홈 화면에 추가하기 위해 홈 화면에서 **앱스( )를 터치**합니다. 앱스 화면에서 **[네이버( )] 앱의 아이콘을 길게 누른 후, [홈 화면에 추가]를 터치**합니다.

배움터

앱의 아이콘을 길게 누르면 [항목 선택], [홈 화면에 추가], [설치 삭제], [앱 정보]를 선택할 수 있습니다.

02 홈 화면의 마지막 페이지에 [네이버( )] 앱의 아이콘이 추가됩니다. 같은 방법으로 **[다음( )] 앱을 설치**하여 홈 화면에 앱의 아이콘을 추가합니다.

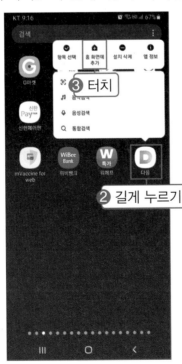

01 이동할 [네이버(N)] 앱의 아이콘을 드래그하여 홈 화면 첫 페이지로 이동합니다.
[다음(D)] 앱 아이콘도 드래그하여 홈 화면 첫페이지로 이동합니다.

02 [네이버(N)] 앱 아이콘 위로 [다음(D)] 앱 아이콘을 드래그하면 폴더가 만들어집
니다. [폴더 이름]을 터치합니다.

03 가상 키보드가 나타나면 '**즐겨찾기**'를 **입력**합니다. 자주 사용하는 앱만 폴더에 모아서 사용하면 편리합니다. 더 많은 앱을 추가하기 위해 ➕를 **터치**합니다. 앱 선택 화면이 나타나면 추가할 앱의 아이콘을 터치합니다.

> 배움터 앱 선택 화면에서는 현재 스마트폰에 설치된 모든 앱이 나타납니다. 사용자에 따라 화면이 다를 수 있습니다.

04 추가할 앱을 모두 선택하면 [**완료**]를 **터치**합니다. 홈 화면에 [즐겨찾기] 폴더가 만들어집니다. 즐겨찾는 앱을 폴더에 모아서 사용하면 편리합니다.

1 앱을 설치하려면 어떤 앱을 실행해야 할까요?

① 　　　② ◖　　　③ ▶

④ ⚙　　　⑤ Ｄ

2 새로 설치한 앱의 아이콘을 홈 화면에 추가할 때 사용할 화면 조작 방법으로 (　　) 안에 들어갈 말은 다음 중 어느 것일까요?

> 앱스 화면에서 추가할 앱의 아이콘을 (　　) → [홈 화면에 추가] 선택

① 누르기　　　② 스크롤　　　③ 드래그

④ 길게 누르기　　　⑤ 두 번 누르기

3 앱을 실행하려면 어떻게 해야 할까요?

① 앱을 드래그하기

② 앱을 스크롤하기

③ 앱을 두 번 누르기

④ 앱을 살짝 눌러 터치하기

⑤ 앱을 여러 번 누르기

4 폴더를 만드는 방법으로 올바른 것은 어느 것일까요?

① 앱 위에 다른 앱을 드래그합니다.

② 앱을 길게 누른 후 [폴더 만들기]를 선택합니다.

③ 앱과 앱 사이의 빈 공간을 누릅니다.

④ 폴더를 만들 앱을 모두 터치합니다.

⑤ 앱을 선택한 후 [뒤로가기] 버튼을 터치합니다.

03 검색 방법 익히기

웹 브라우저 앱은 여러 가지가 있는데, 여기서는 네이버 앱을 활용하겠습니다. URL을 입력하여 웹 사이트에 접속하고, 검색어를 입력하여 검색할 수 있습니다. 좀 더 상세하게 조건에 맞게 검색하려면 연산자를 이용할 수도 있습니다. 페이지 안의 단어를 검색하는 방법까지 알아보겠습니다.

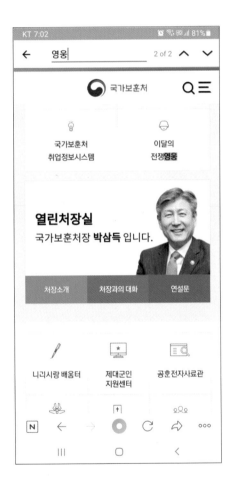

 무엇을 배울까요?

… URL 입력하여 접속하기   … 연산자로 상세 검색하기

… 검색어로 검색하기   … 페이지에서 검색하기

URL로 검색하기

01 인터넷 검색을 하려면 웹 브라우저 앱을 사용해서 검색해야 합니다. 웹 브라우저 앱 중에서 **[네이버(N)] 앱을 터치**합니다. **검색창을 터치**하면 아래쪽에 가상 키보드가 나타납니다. URL을 입력하기 위해 키보드에서 **[한/영] 키를 터치**합니다.

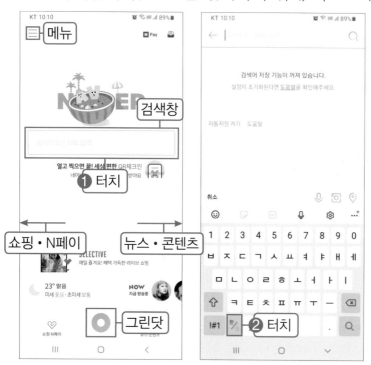

02 키보드를 사용하여 '**www.daum.net**'을 **입력**하고 🔍 을 **터치**합니다. 다음 사이트로 이동하면 검색창에서 원하는 내용을 검색할 수 있습니다. 다시 네이버로 돌아가기 위해 N를 **터치**합니다.

키보드 형식을 변경하는 방법

01 키보드 형식을 변경하기 위해 키보드의 ⚙를 터치한 후, [언어 및 키보드 형식]을 터치합니다.

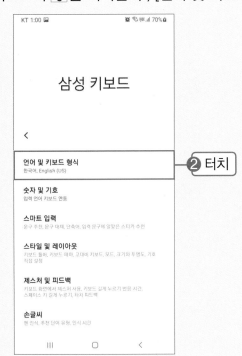

02 [한국어]를 터치한 후, [쿼티 키보드]를 터치합니다.

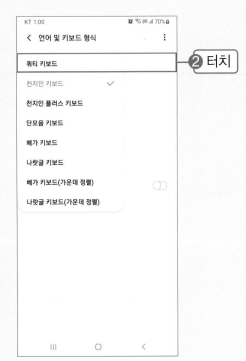

키보드에서 [한/영] 키가 보이지 않을 때

01 키보드의 ⚙를 터치한 후, [언어 및 키보드 형식]을 터치합니다.

02 [언어 변경 방법]을 터치한 후, [언어 버튼과 스페이스 키 살짝 밀기]를 선택하여 변경합니다. 키보드에 [한/영] 키가 나타납니다.

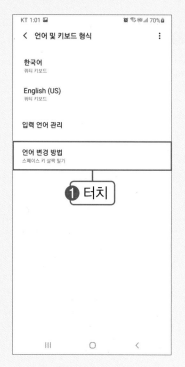

검색어를 입력하여 검색하기

01 [네이버(Ⓝ)] 앱의 **검색창을 터치**하고 **'계륵'이라고 입력**한 후, Ⓠ **을 터치**하여 검색합니다. 검색어와 관련된 정보로 한자 사전에서 한자와 뜻 등 다양한 정보가 검색됩니다.

02 검색창에 **'해외안전여행'이라 입력**하면 연관된 URL과 단어 등이 나타납니다. 검색 목록에서 **URL을 선택**하면 해당 사이트로 바로 이동됩니다.

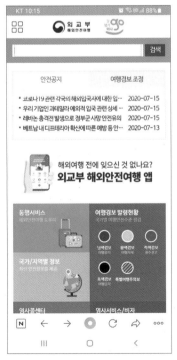

대부분의 경우 일반 검색으로 가능하나 사용자가 원하는 검색 조건으로 상세하게 설정하면 최적의 결과를 얻을 수 있습니다. 대표적인 상세검색 연산자는 다음과 같습니다.

- 정확히 일치하는 단어/문장 큰따옴표(" ") : 입력한 단어나 문장이 변형 없이 입력된 순서대로 정확하게 일치하는 단어를 검색하라는 조건입니다.

  예 "평창 송어축제"

- 반드시 포함하는 단어는 '+' 기호 : 입력한 단어를 모두 포함하는 문서를 검색하는 조건입니다.

  예 평창 +송어

- 제외하는 단어는 '−' 기호 : 입력한 단어가 포함된 문서는 검색 결과에서 제외하는 조건입니다.

  예 평창 −송어

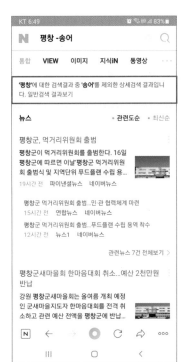

- 입력한 단어가 하나 이상 포함된 문서를 찾는 '|' 기호 : 입력한 검색어 중 하나라도 포함된 문서를 검색하는 조건입니다.

  예 평창 | 송어 | 축제

페이지에서 검색하기

01 [네이버(N)] 앱의 검색창에 '**국가보훈처**'라고 **입력**하고 검색된 URL을 **터치**합니다. 페이지 안에서 단어를 검색을 하기 위해 오른쪽 아래에서 [**더보기**(⚬⚬⚬)]를 터**치**한 후, 두 번째 페이지의 [**페이지내 검색**]을 **선택**합니다.

02 검색창에 '**영웅**'을 **입력**합니다. 현재 페이지에서 2개가 검색되었는데, 그 중 첫 번째 '영웅'을 찾아 보여줍니다. ∨를 **터치**하면 두 번째 '영웅'을 찾아 이동합니다. 이달의 전쟁영웅을 쉽게 찾아볼 수 있습니다.

1 네이버 앱에서 네이트(https://www.nate.com)로 접속해봅니다.

2 키보드 형식을 '나랏글 키보드(가운데 정렬)'로 변경해봅니다.

3 '국가문화유산포털' 사이트에 접속하여 페이지에 '의궤' 단어는 몇 번 나오는지 찾아봅니다.

(   )번

QR코드를 스캔하면 코드 안에 기록된 사이트로 접속할 수 있습니다. QR코드를 스캔하기 위해 스마트폰에 기본적으로 있는 기능을 사용하여 스캔하거나 네이버 앱이나 다음 앱의 코드 검색 기능을 활용하여 QR코드를 스캔하는 방법까지도 알아보도록 하겠습니다.

 무엇을 배울까요?

⋯▶ 빠른 설정 버튼 중 QR 코드 스캔 활용하기

⋯▶ 네이버 앱의 그린닷 활용하기

⋯▶ 다음 앱의 코드 검색 활용하기

빠른 설정 버튼으로 QR코드 스캔하기

01 스마트폰의 빠른 설정 활용하면 별다른 앱을 설치하지 않고 QR코드를 스캔할 수 있습니다. **알림창을 아래로 드래그한 후,** ▭ **를 드래그합니다.** **[QR 코드 스캔( )]를 터치**하고 **QR 코드를 카메라에 비춥니다.** 자동으로 인식된 결과가 아래에 나타나면 **웹페이지 창을 터치**합니다.

> 모바일 답안은 아래 QR코드로 접속하여 접수번호와 성명으로 로그인 합니다.

배움터 QR 코드

바코드보다 훨씬 많은 정보를 담을 수 있는 격자무늬의 2차원 코드로, QR은 'Quick Response'의 약자로 '빠른 응답'을 얻을 수 있다는 의미입니다. 요즘에는 QR코드로 전자출입명부를 만들어서 미술관, 학원, 노래방 등을 입장하거나, 물건을 구매할 때도 활용합니다.

02 아래쪽에 연결 프로그램 창이 나타나면 **[네이버앱으로 열기(N)]를 선택**하고 [한 번만]을 **터치**하면 검색 결과 페이지로 이동됩니다.

배움터

연결 프로그램 창에는 현재 설치되어 있는 웹 브라우저 앱들이 나타납니다. 사용자에 따라 설치된 앱이 다르기 때문에 나타나는 앱은 다를 수 있습니다. [한 번만]을 터치하면 QR코드가 인식될 때마다 연결 프로그램을 설정해야 하지만 [항상]을 선택하면 그 이후로는 선택한 웹 브라우저 앱으로 검색 결과를 보여줍니다.

 앱을 활용하여 QR코드 스캔하기

01 [네이버(N)] 앱의 아래쪽의 **그린닷을 터치**한 후, **[렌즈]를 터치**합니다.

02 NAVER에서 사진을 촬영하고 동영상을 녹화하도록 허용하겠냐는 창에 **[허용]**을 **터치**합니다. Smart Lens 창의 알림창을 읽고 ✕**를 터치**하여 닫습니다. **[QR/바코 드]로 설정**하고 **렌즈로 QR코드를 비춥니다.** 자동으로 인식된 결과가 위쪽에 나타 나는데 터치합니다. 결과 페이지로 이동됩니다.

배움터 다음 앱으로 QR코드 스캔하기

[다음(**D**)] 앱의 검색창에서 □를 터치한 후, [코드검색(●)]을 터치합니다. 렌즈로 QR코드를 비 추면 바로 자동으로 인식되어서 검색 페이지로 이동합니다.

1 세로 방향으로만 저장을 저장하는 것이 아니라 격자무늬의 2차원 코드로 훨씬 많은 정보를 담을 수 있는 것을 무엇이라 할까요?

① QR코드   ② 바코드   ③ 코드

④ AR   ⑤ VR

2 다음 앱 중에서 QR코드 스캔 기능을 가지고 있지 않은 것은 어느 것일까요?

① 구글 앱   ② 네이버 앱   ③ 다음 앱

3 다음 QR코드를 스캔한 후 링크된 사이트의 이름을 적어봅니다.

(   )

P·A·R·T

02

정보 검색 및
앱 활용하기

시사성 있는 정치, 경제, 사회, 문화, 정보통신, 과학 분야에 관한 일반 정보 검색해 봅니다. 기상청이나 통계청의 DB를 검색하는 일반 정보 검색을 할 때는 필요한 내용을 파악하고 주요한 키워드를 웹 브라우저 앱에서 검색하여 결과를 찾아내야 합니다.

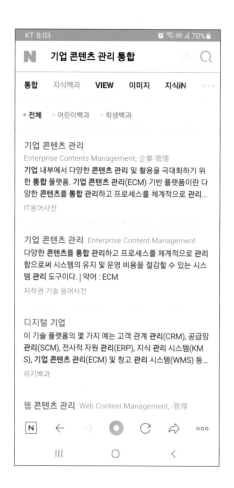

 **무엇**을 배울까요?

⋯ 일반 정보 검색   ⋯ 데이터 베이스 검색

⋯ 용어 검색

80년 만에 시민의 품으로 돌아온 인천 부평 미군부대는 오염 정화 작업을 거쳐 역사문화공원으로 재탄생할 것으로 보입니다. 1945년 미군은 일본이 무기를 만들던 공장을 접수해 군수 기지 사령부로 사용했고, 1973년 미군기지로 재편된 부대의 이름을 찾아보세요(한글).

01 네이버의 검색창에 **'부평 미군부대'라고 입력**한 후, 🔍 **을 터치하여 검색**합니다. 관련 내용에서 부대 이름이 '캠프마켓'임을 확인할 수 있습니다.

문제에서 제시한 내용에서 주요한 키워드를 찾아 검색해야 원하는 정보를 쉽게 얻을 수 있습니다. 연산자를 사용하여 상세 검색을 통해 더 빠르고 정확하게 검색할 수도 있습니다.

02 '캠프마켓'이 맞는지 확인하기 위해 네이버의 검색창에 **'캠프마켓'을 입력**한 후, Q **을 터치**하여 검색합니다. 캠프마켓에 관한 정보가 검색되면 카테고리에서 **[지식백과]를 터치**합니다.

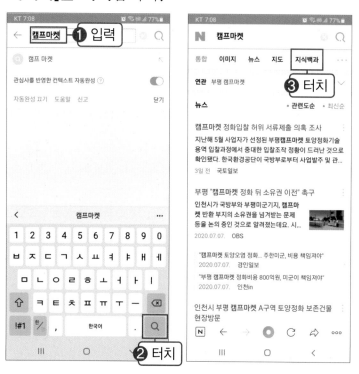

03 지식백과에서 **'캠프 마켓'을 터치**하면 캠프 마켓에 관한 내용을 자세히 살펴볼 수 있습니다.

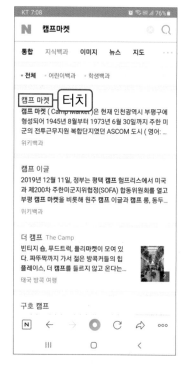 

기업 내부에서 다양한 콘텐츠 관리 및 활용을 극대화하기 위한 통합 플랫폼입니다. 다양한 콘텐츠를 통합 관리하고 프로세스를 체계적으로 관리함으로써 시스템의 유지 및 운영 비용을 절감할 수 있는 시스템 관리 도구로 이것이 무엇인지 찾아보세요(한글).

01 네이버의 검색창에 '**기업 콘텐츠 관리 통합**'이라 **입력**한 후, 🔍 **을 터치**하여 검색합니다. [**더보기(   )**]를 **터치**한 후, [**지식백과**]를 **터치**합니다.

 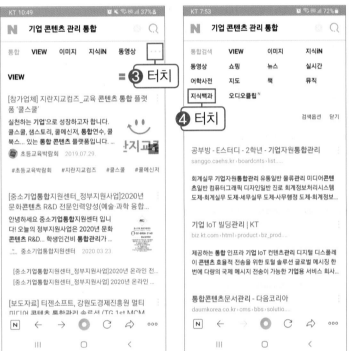

02 용어는 지식백과에서 검색하는 것이 좋습니다. 나타난 '**기업 콘텐츠 관리**'를 **터치**합니다. 기업 콘텐츠 관리에 대한 정보를 알 수 있습니다.

통계청 DB 검색하기

통계청이 발표한 2020년 4월 고용동향에 따르면 실업률은 4.2%로 전년동월대비 0.2% 하락하였습니다. 2020년 4월 취업자 수를 찾아보세요(숫자).

01 네이버의 검색창에 '**2020년 4월 고용동향**'을 **입력**한 후, 🔍을 **터치**하여 검색합니다. 정보가 검색되면 통계청에서 제공하는 '**2020년 4월 고용동향**'을 **터치**합니다.

 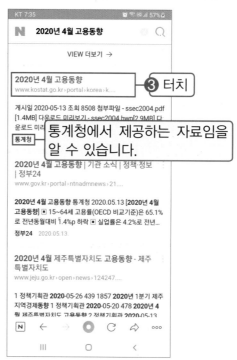

02 통계청 사이트에서 2020년 4월 고용동향에서 4월 취업자 수를 찾을 수 있습니다.

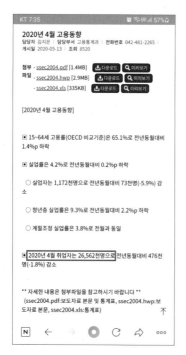

03 이번에는 직접 통계청 사이트에서 검색해 보겠습니다. 네이버의 검색창에 **'통계청'을 입력**한 후, URL을 **터치**합니다. 통계청 사이트에 접속하면 🔍 **단추를 터치** 합니다.

04 검색창에 **'2020년 4월 고용동향'을 입력**한 후, [검색] **단추를 터치**합니다. 2020 년 각 지역별 고용동향의 검색 목록 중 **'2020년 4월 고용동향'을 터치**합니다. 4 월 고용동향을 알 수 있고, 취업자 수도 확인할 수 있습니다.

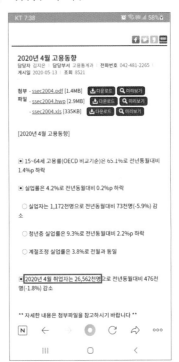

2018년 8월 1일은 대한민국 관측 역사상 최악의 폭염을 기록하였습니다. 서울은 39.6도를 기록하였고, 강원도 홍천에서는 국내에서 기상 관측이 시작된 이래 전국적으로 역대 가장 높은 기온을 기록하였습니다. 가장 기온이 높았던 강원도 홍천의 최고기온(℃)을 찾아보세요(숫자).

01 네이버의 검색창에 '**기상청**'을 **입력**한 후, **검색된 URL을 터치**합니다. 기상청 사이트에 접속한 후, **메뉴(☰)를 터치**하고 [**날씨**] – [**현재날씨**]를 **터치**합니다.

02 현재 날씨 페이지에서 아래쪽의 '**다양한 과거자료**' 부분을 **터치**합니다. 지점은 '**홍천(무)**', 연도는 '**2018**', 월은 '**8월**', 요소는 '**기온/강수량**'으로 **설정**하고 [**선택**] 단추를 **터치**합니다. 8월 1일의 홍천의 최고기온은 41℃임을 알 수 있습니다.

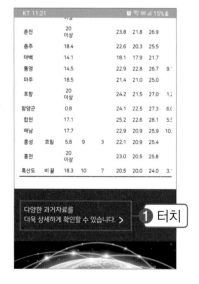
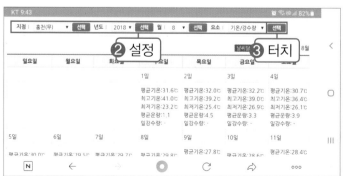

1 (객관식) 제44차 세계유산위원회 회의는 코로나 19로 세계적으로 유행함에 따라 올해 6월 29일~7월9일에 개최할 예정이었던 회의를 연기하기로 결정했습니다. 본래 어디에서 열릴 예정이었나요?

① 아제르바이잔 바쿠

② 바레인 마나마

③ 폴란드 크라쿠프

④ 터키 이스탄불

⑤ 중국 푸저우

2 (객관식) 경복궁 자경전의 문화재 지정 번호는 다음 중 어느 것일까요?

① 국보 제223호

② 국보 제229호

③ 보물 제820호

④ 보물 제809호

⑤ 보물 제1763호

3 (객관식) 제주선거관리위원회는 제21대 총선 비례대표 선거 결과를 발표하였습니다. 선거 결과 비례대표 무효표수가 얼마큼 나왔는지 찾아보세요.

① 9,492표   ② 15,192표   ③ 17,428표

④ 5,325표   ⑤ 15,423표

4 (객관식) 입춘은 24절기 중 첫째 절기로 대한과 우수 사이의 절기입니다. 이 날부터 봄이 시작된다고 합니다. 2020년 입춘에 기상청 서울(유)에서 관측한 최저기온(단위:℃)을 찾아보세요.

① −0.5℃   ② −1.2℃   ③ −2.1℃

④ −2.9℃   ⑤ −6.0℃

02 생활 정보 검색하기

실생활 정보를 검색하여 교통수단의 예매나 운임요금, 통행요금 등을 찾아볼 수 있고, 부동산 실거래가도 알아볼 수 있습니다. 친환경 농축산물에는 인증번호가 있어서 인증번호를 검색하여 농축산물의 인증정보를 검색하는 방법까지 알아보도록 하겠습니다.

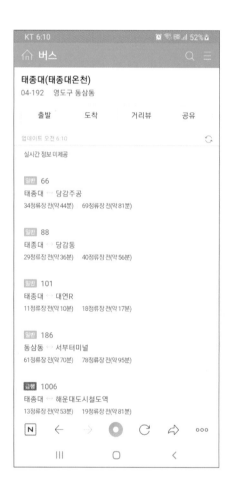

 무엇을 배울까요?

··· 교통수단 예매 및 요금 검색하기   ··· 친환경 농축산물 인증정보
··· 부동산 실거래가 찾아보기   찾아보기
··· 정류소 번호로 버스 정보 검색하기

01 여객선 요금 검색하기

인천(출발지)에서 덕적도_진리(도착지) 간 코리아나호 여객선으로 2020년 12월 25일 14시 30분의 일반석 대인을 예약하려고 할 때 미리 요금이 얼마인지 찾아보세요(숫자).

01 네이버의 검색창에 **'여객선 예약예매'**를 **입력**한 후, Q **을 터치**하여 검색합니다. 검색 결과가 나타나면 **'가보고 싶은 섬(여객선 예약예매)'**를 **터치**합니다. PC용 버전 사이트이므로 스마트폰을 가로로 돌려서 화면을 넓게 한 후 상단 메뉴 중 **[유용한 운항정보]**를 **터치**합니다.

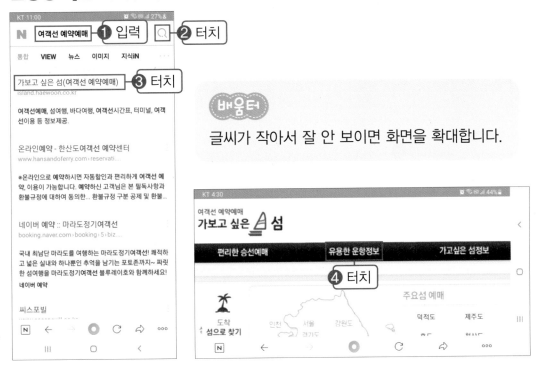

배움터

글씨가 작아서 잘 안 보이면 화면을 확대합니다.

02 **[시간표/요금조회]**를 **터치**한 후, **[항로검색]**을 **터치**합니다.

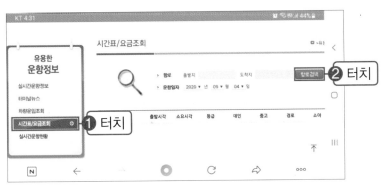

03 도착지선택에서 '덕적도'를 터치합니다.

04 출발지와 도착지를 '인천', '덕적도_진리'를 터치하고 [선택완료] 단추를 터치합니다.

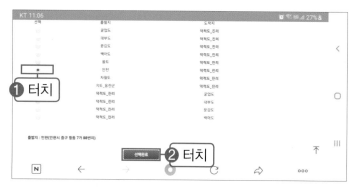

05 운행일자를 설정한 후, [조회하기] 단추를 터치합니다.

06 시간표와 요금이 조회되면 제시된 시간의 요금을 찾아봅니다.

고속도로 통행요금과 기차표 예매

교통편 요금은 웹 브라우저 앱에서 검색하여 문제에서 제시해주는 출발지와 도착지 등을 검색하여 요금을 확인할 수 있습니다.

01 '고속도로 통행요금'을 검색하여 '고속도로 – 한국도로공사'로 접속합니다. 메뉴(☰) – [고속도로] – [통행요금] – [통행요금조회]를 터치하여 구간을 설정한 후, 통행요금을 찾아봅니다.

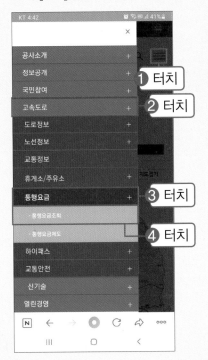
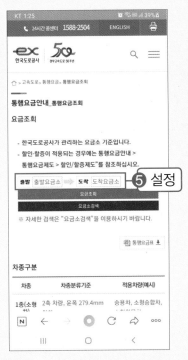

02 '기차표예매'를 검색한 후, 검색된 사이트 중 '레츠코레일'로 접속합니다. 출발역과 도착역, 출발시간, 인원을 설정한 후, [승차권 예매] 단추를 클릭하여 운임요금 등을 찾아봅니다.

부산의 태종대에서 정류장 번호가 04192인 곳에서 버스를 타려고 합니다. 이 정류소에는 여러 대의 버스가 정차하지만 운행하는 급행버스는 한 대입니다. 이 버스의 번호가 무엇인지 찾아보세요(숫자).

01 네이버의 검색창에서 **'버스정류장 번호'를 입력**한 후, ⚲ **을 터치**하여 검색합니다. 버스정류장 번호 입력창에 **'04192'를 입력**하고 ⬛**을 터치**합니다.

02 04192 정류장이 검색됩니다. 지역에 따라 같은 번호의 정류장이 있을 수 있습니다. **'태종대(태종대온천)'를 터치**한 후, 급행버스 번호가 1006임을 확인합니다.

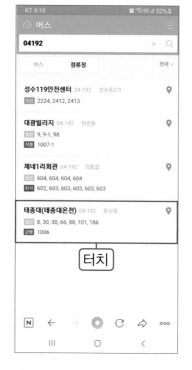

03 부동산 실거래가 검색하기

국토교통부에서는 부동산 거래 가격 및 거래 동향을 보다 정확하고 신속히 파악할 수 있도록 부동산 거래 신고제를 통해 수집된 실거래 자료를 공개하고 있습니다. 2020년 8월 거래된 광주광역시 삼각동 삼각동그린타운 전용 면적 69.91㎡ 매매 거래가(단위:만원)를 찾아보세요(숫자).

01 네이버의 검색창에 '**국토교통부 실거래가**'를 **입력**한 후, 검색된 **URL**을 **터치**합니다. PC 버전 웹사이트로 연결되면 화면을 확대한 후, 상단 메뉴 중 **[아파트]**를 **터치**합니다.

02 그림과 같이 **기준년도, 시도, 시군구, 읍면동**을 **설정**한 후, **[검색] 단추**를 **터치**합니다. 검색결과에서 '**삼각동그린타운**'을 **터치**하면 상세정보 창에서 면적을 '**69.91㎡**'로 **설정**하여 8월의 실거래가를 확인합니다.

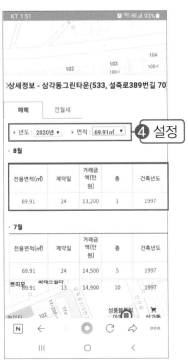

친환경농축산물 인증제도는 소비자에게 보다 안전한 친환경농축산물을 전문인증기관이 엄격한 기준으로 선별·검사하여 정부가 그 안전성을 인증해주는 제도입니다. 인증번호 "제 10600094호"의 대표품목은 무엇인지 찾아보세요(한글).

01 네이버의 검색창에 **'친환경농축산물 인증번호'**를 **입력**한 후, ⊙ **을 터치**하여 검색합니다. 검색 목록 중에서 **'친환경농산물 정보시스템'을 터치**합니다.

02 친환경농산물 정보시스템 사이트는 PC용 사이트 버전이므로, 스마트폰을 가로로 돌려서 넓게 봅니다.

03 인증번호검색 창의 인증번호로 검색 입력창에 '**10600094**'를 입력하고 [검색] 단추를 터치합니다.

04 인증정보 페이지가 나타나면 대표품목을 확인할 수 있습니다.

배움터 **축산물이력제 사이트에서 축산물 이력번호 검색하기**

축산물이력제란 축산물의 도축부터 판매에 이르기까지의 정보를 기록·관리하여 문제가 발생할 경우에 이력을 추적하여 대처하기 위해 시행되고 있는 제도입니다. 검색창에 '축산물이력제'를 입력하여 검색하여 사이트에 접속하고 검색창에 이력(묶음)번호를 입력하여 축산물 이력을 검색합니다.

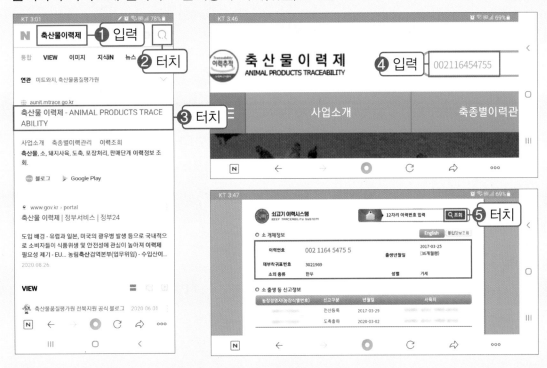

1 (객관식) 김포공항 국내선1 주차장에 2020년 12월 1일 오전 8시부터 2020년 12월 3일 오후 6시까지 다자녀 할인혜택(50%)을 받아 소형차를 주차했을 경우 주차요금은 얼마인지 예상 주차요금을 계산해보세요.

① 25,000원   ② 30,000원   ③ 45,000원

④ 60,000원   ⑤ 75,000원

2 (객관식) 다음의 고속도로 구간에 대하여 화물차(3축 대형화물차)의 고속도로 통행요금(현금결제 기준, 요일시간 할인없음)이 얼마인지 찾아보세요.

경로	단양 → 풍기 → 영주 → 예천 → 서안동 → 남안동 → 의성 → 군위 → 가산 → 다부 → 칠곡 → 금호JC → 북대구 → 도동JC → 동대구JC → 동대구
총거리	158.2Km

① 8,200원   ② 8,400원   ③ 8,800원

④ 11,400원   ⑤ 13,300원

3 (객관식) 경주박물관에서 정류소번호가 01-055인 곳에서 버스를 타려고 합니다. 이 정류소에는 한 대의 버스가 운행합니다. 이 버스의 번호가 무엇인지 찾아보세요.

① 10번   ② 11번   ③ 602번

④ 603번   ⑤ 604번

4 (객관식) 친환경농축산물 인증제도는 소비자에게 보다 안전한 친환경농축산물을 전문인증기관이 엄격한 기준으로 선별 · 검사하여 정부가 그 안전성을 인증해주는 제도입니다. 인증번호 "제13600308호"의 대표품목은 무엇인지 찾아보세요.

① 과실류   ② 미곡류   ③ 산란계

④ 한우(식육)   ⑤ 흰다리새우

03 이미지 검색하기

이미지를 검색하기 위해 주요 키워드를 웹 브라우저에서 검색하여 원하는 이미지를 찾는 것이 중요합니다. 찾은 이미지를 다운로드하거나 복사, 캡처하여 편집하는 방법까지 알아보도록 하겠습니다.

 무엇을 배울까요?

··· 키워드 검색하기   ··· 이미지 캡처하기

··· 이미지 다운로드하기   ··· 이미지 편집하기

이미지 검색하고 다운로드하기

과학적 근거 기반의 질병 예방관리정책 추진과 보건의료 연구를 통하여 국민의 건강을 지키고, 보다 안전한 사회를 만들기 위해 최선을 다하는 정부 기관입니다. 2020년 코로나19 상황에서 국민을 감염병으로부터 지키기 위해 24시간 365일 대응하고 있습니다. 이 기관은 '정부상징'의 CI를 사용합니다. 다음의 CI를 찾아 오른쪽과 같이 이미지를 자르기하여 답안지에 제출하세요(이미지).

01 네이버의 검색창에 **'질병 예방관리정책 추진과 보건의료 연구'를 입력**한 후, 🔍 **을 터치**하여 검색합니다. 검색된 사이트 중 **'질병관리본부'를 터치**합니다.

배움터 로고, 상표, CI, BI

• 상표는 상품의 생산 · 가공 · 증명 · 양도 등을 다루는 업자가 그 상품에 대해 경쟁자의 상품과 구별하기 위하여 사용하는 기호 · 문자 · 도형 등의 일정한 표지 및 브랜드(brand)를 뜻합니다.

• 로고는 회사명이나 조직명 등의 문자를 사람들의 인상에 남도록 독특하게 디자인한 도형으로 흔히, 상품이나 선전물 등에 표시합니다.

• CI는 Corporate Identity의 약자로 기업의 이미지를 통합하는 작업을 뜻하며 'MI(Ministry Identity)'라고 부르기도 합니다.

• BI는 Brand Identity의 약자로 제품과 서비스의 특성을 시각적으로 디자인하여 브랜드 이미지를 통일화하는 작업을 뜻합니다.

02 질병관리본부 사이트에 접속되면 **메뉴(≡)를 터치**한 후, **[기관소개] − [기관상징]**을 **터치**합니다.

03 기관상징 페이지가 열리면 **CI 이미지 부분을 길게 누릅니다.** 열기 창이 나타나면 **[내 휴대폰: 이미지 저장]을 터치**합니다. 내 휴대폰에 이미지를 다운로드합니다.

01 홈 화면에서 **[갤러리(✳)] 앱을 터치**하면 [사진]에 방금 전에 다운로드한 이미지가 가장 최근 사진으로 저장되어 있습니다. **다운로드한 이미지를 터치**합니다. CI 부분만 자르기 위해 아래쪽에 🖉 를 **터치**합니다.

02 이미지의 **자르기 선을 드래그**하여 문제와 동일한 모양이 되게 설정한 후, **[저장]을 터치**합니다. [갤러리(✳)] 앱을 다시 실행하면 새로 저장한 이미지를 확인할 수 있습니다. 답안지에 저장한 이미지를 불러와 제출합니다.

배움터 이미지 캡처해서 저장하기

01 기관의 홈페이지를 캡처하기 위해 [전원] 버튼과 [음량(하)] 버튼을 함께 눌러서 캡처합니다.
캡처하면 바로 아래쪽에 편집도구가 나타나면 ▣를 터치합니다.

02 캡처 화면의 모서리에 자르기 선이 나타나면 로고 부분만 남게 드래그합니다. 저장하기 위해
↓를 터치하여 바로 자른 이미지를 저장합니다.

1 (주관식) 1969년 개관 이래 한국 현대미술의 역사와 자취를 함께하며 대한민국을 대표하는 문화공간으로 자리 잡아 왔습니다. 과천, 덕수궁, 서울, 청주에 개관하여 4관 체계를 만들었으며, 4관은 유기적이면서도 각각의 색깔을 지니고 있습니다. 이 기관의 MI를 찾아 오른쪽과 같이 이미지를 자르기 하세요(이미지).

2 (주관식) 서울시민의 생명과 안전을 지킬 수 있는 강인함과 혁신을 더할 뛰어난 두뇌를 가진 귀여운 사자 모습을 표현했습니다. 사자 갈기는 의회 상징이면서 서민적이고 '민족의 기상을 닮았다' 일컬어지는 무궁화 꽃을 모티브로 한 캐릭터입니다. 자원봉사를 하고있는 캐릭터 이미지를 다운로드하여 오른쪽과 같이 이미지를 자르기 하세요(이미지).

3 (주관식) 제주만의 독특한 '민속 유물'과 '자연사적 자료'를 수집·보전하여 후손들에게 전승하기 위해 1984년 국내 유일의 '민속자연사박물관'으로 개관하였습니다. 이 박물관의 CI를 찾아 오른쪽과 같이 이미지를 자르기 하세요(이미지).

4 (주관식) '한바탕 전주'는 다양한 문화적 기반을 토대로 생겨난 전주의 역동성을 상징하며 이를 통해 전 세계에 전주의 문화자산을 퍼트리겠다는 강한 의지를 표현한 전주 브랜드입니다. 오른쪽과 같이 이미지를 자르기 하세요(이미지).

어학 사전 검색하기

단어의 뜻을 검색하여 뜻이 맞는지 찾아보거나 단어를 검색하여 뜻을 찾아볼 수 있습니다. 사자성어도 검색하여 사자성어에 해당하는 한자를 복사하여 답안지에 붙여넣기 하는 방법까지 알아보겠습니다.

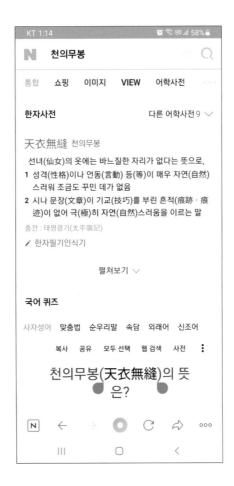

 **을 배울까요?**

⋯▶ 뜻 검색하여 단어찾기   ⋯▶ 복사하여 붙여넣기

⋯▶ 사자성어 찾기

우리말에 대한 설명으로 옳지 않은 것은 무엇인가요?
① 굼슬겁다 : 성질이 서근서근하고 상냥하다
② 두남두다 : 애착을 가지고 돌보다.
③ 몽태치다 : 거만스러운 태도로 몸을 아끼고 꾀만 부리다.
④ 보깨다 : 뜻대로 되지 않아 마음이 번거롭게 자꾸 쓰이다.
⑤ 어리눅다 : 잘났으면서도 짐짓 못난 체하는 것이다.

01 네이버의 검색창에 우리말이 맞는지 확인하기 위해 **'굼슬겁다'를 입력**한 후, 🔍 **을 터치**하여 검색합니다. 검색한 단어의 뜻을 확인할 수 있습니다.

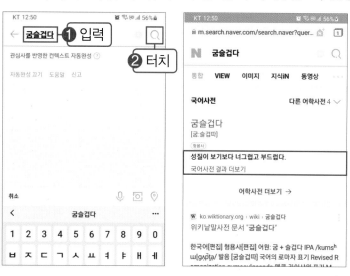

02 계속해서 검색창에 **'두남두다'를 입력**한 후, 🔍 **을 터치**하여 검색합니다. 여러 가지 뜻이 있는 경우에는 여러 뜻을 다 비교해 보아야 합니다. 나머지 단어들도 같은 방법으로 검색합니다. **'몽태치다'를 검색**하면 뜻이 '남의 물건을 슬그머니 훔쳐 가지다.'라는 것을 알 수 있습니다.

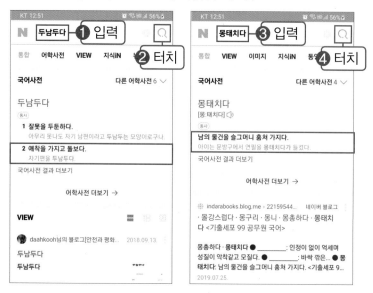

사자성어 '天衣無縫'는 '선녀의 옷에는 바느질한 자리가 없다.'는 뜻으로 완전무결하여 흠이 없음을 이르는 말입니다. 한자 '天衣無縫'을 찾아 복사한 후, 답안지에 붙여넣기 하세요(한자).

01 네이버의 검색창에 **'완전무결하여 흠이 없다'를 입력**한 후, 🔍 **을 터치**하여 검색합니다. 사자성어가 '천의무봉'임을 알 수 있습니다.

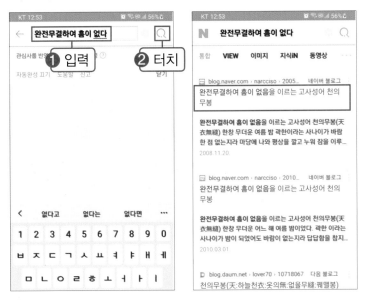

02 블로그에서 검색된 사자성어는 한자를 복사할 수 없으므로 검색창에 **'천의무봉'을 입력**한 후, 🔍 **을 터치**하여 검색합니다. **'天衣無縫'이 모두 포함되게 손가락으로 드래그**하여 선택한 후, 팝업 메뉴에서 **[복사]를 선택**합니다.

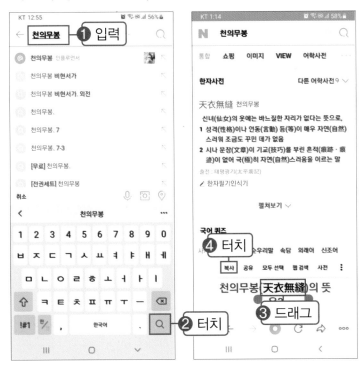

노트에 답안 작성 연습하기

스마트폰에 기본으로 설치되어 있는 노트 앱을 사용하면 답안 작성을 연습할 수 있습니다.

01 갤럭시 같은 경우에는 삼성에서 기본으로 제공해주는 [Samsung Notes()] 앱을 홈 화면 또는 앱스 화면에서 실행한 후, 새 노트를 만들기 위해 ⊕를 터치합니다.

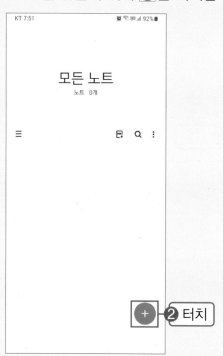

02 제목에는 '답안지'를 입력한 후, [완료] 내용 부분에 답안을 적기 위하여 '1.'을 입력합니다.

03 내비게이션 바에서 **[최근 실행 앱(⫴)] 버튼을 터치**하면 최근 실행한 앱이 모두 나타납니다. 답안지 노트가 있는 **[Samsung Notes(🗊)] 앱을 선택**합니다.

배움터

최근에 노트 앱을 실행하지 않았다면, [홈] 버튼을 터치한 후, 노트 앱을 실행합니다.

04 답안지에 한자를 **붙여넣기를 할 부분을 길게 누르고**, 팝업 메뉴가 나타나면 **[붙여넣기]를 터치**합니다. 답안지에 '天衣無縫'이 붙여넣기 됩니다.

1 우리말에 대한 설명으로 옳지 않은 것은 무엇인가요?

① 강다짐 : 까닭 없이 남을 억누르고 꾸짖는 것

② 괘장 : 처음에는 그럴 듯이 하다가 갑자기 딴전을 부리는 것

③ 네뚜리 : 사람이나 물건을 업신여기어 대수롭지 않게 보는 것

④ 배참 : 꾸지람을 듣고 그 화풀이를 다른 데에 하는 것

⑤ 여탐 : 여자의 뜻을 미리 짐작하는 것

2 우리말에 대한 설명으로 옳지 않은 것은 무엇인가요?

① 하리놀다 : 남을 헐뜯어 윗사람에게 일러 바치다.

② 비쌔다 : 수더분한 맛이 적어서 무슨 일에나 한데 어울리기를 싫어한다.

③ 남상거리다 : 얄미운 태도로 자꾸 넘어다보다.

④ 갱충적다 : 가난하여 힘이 없다.

⑤ 넉장뽑다 : 어떤 일이나 행동에 있어서 태도가 분명하지 않고 어물어물하다.

3 (주관식) 사자성어 '近朱者赤'는 '붉은빛에 가까이 하면 반드시 붉게 된다'는 뜻으로 그만큼 주위의 환경이 중요하다는 것을 이르는 말입니다. 사자성어 '近朱者赤'를 찾아 복사한 후, 답안지에 붙여넣기 하세요(한자).

4 (주관식) 사자성어 '磨斧爲針'은 '도끼를 갈아 바늘을 만든다'는 뜻으로, 끊임없는 노력과 끈기 있는 인내로 성공하고야 만다는 뜻을 이르는 말입니다. 사자성어 '磨斧爲針'을 한자로 찾아 복사한 후, 답안지에 붙여넣기 하세요(한자).

05 지도 검색하기

길찾기 서비스를 이용하려면 웹 브라우저 앱을 활용할 수도 있고, 지도 앱을 설치하여 사용할 수도 있습니다. 특정 지역을 검색한 후, 캡처하여 캡처 이미지를 편집하는 방법까지 알아보겠습니다.

무엇을 배울까요?

··· 지도 앱으로 길찾기
··· 현재 장소의 주요 주변 시설 알아보기

··· 도착지 캡처하기
··· 캡처한 이미지 편집하고 저장하기

길찾기로 도착지 검색하기

길찾기 서비스를 이용하여 경기도청에서 보물 제402호를 도보로 가는 지도 경로를 찾아 도보 거리는 몇 km인지 찾아보세요(숫자).

01 먼저 찾아갈 곳을 찾기 위해 네이버의 검색창에 **'보물 제402호'**라고 **입력**한 후, ⌕ **를 터치**하여 검색합니다. 찾아갈 곳이 '팔달문'임을 알 수 있습니다.

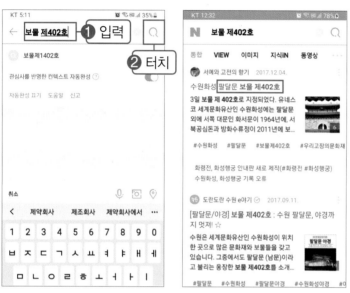

02 검색창의 ✕ **를 터치**하여 검색어를 삭제하고 **'길찾기'를 입력**한 후, ⌕ **를 터치**하여 검색합니다. 처음에 네이버를 설치할 때 내 기기 위치를 허용했기 때문에 빠른길 찾기에 내위치가 표시됩니다. **'내위치'를 터치**합니다.

내 기기 위치 추적을 허용하지 않았거나, 빠른 설정 버튼에서 [위치(◦)]가 설정되지 않은 경우에 내 위치가 나타나지 않습니다. 빠른 설정 버튼에서 [위치(◦)]를 활성화한 후, [네이버(ℕ)] 앱의 내위치 앞의 ⊙를 터치합니다. 위치 정보를 ON으로 변경하면 내위치에 현재 나의 위치가 표시됩니다.

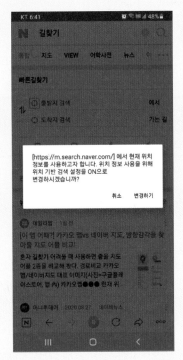

03 를 **터치**하여 내위치를 삭제하고 '**경기도청**'이라고 **입력**한 후, 아래쪽의 주소가 나온 '**경기도청**'을 **터치**합니다. [**도착지 검색**]을 **터치**하고 '**팔달문**'이라고 **입력**하고 아래쪽의 주소가 나온 '**팔달문**'을 **터치**합니다.

04 이동 수단에서 **[도보]를 터치**하여 소요시간과 이동거리를 확인합니다. 도보 거리가 1.3km임을 알 수 있습니다.

이 단추를 클릭하면 [네이버 지도( )] 앱을 실행하여 목적지까지의 경로를 지도로 확인할 수 있습니다.

배움터 [네이버 지도( )] 앱 설치하기

기본 설치되어 있는 구글의 [지도] 앱은 보안 때문에 구체적인 경로가 표시되지 않는 경우가 많아 [네이버 지도( )] 앱을 사용하는 것이 좋습니다. [Play 스토어( )]에서 [네이버 지도( )] 앱을 검색해서 설치한 후, 앱을 실행하여 [내 기기 위치 추적]을 허용해 두는 것이 좋습니다.

현재 위치에서 가장 가까운 주유소를 찾고 휘발유(보통) 가격이 얼마(한국석유공사 인터넷 공시 기준)인지 찾아 보세요(한글).

01 [네이버 지도(🧭)] 앱을 실행합니다. 내 기기의 위치 사용을 허용하였으면 현재 위치를 자동으로 검색합니다. 상단 카테고리 중 [주유소]를 터치합니다. [현재 지도 중심]과 [가격순]으로 설정되어 있습니다. [가격순]을 터치합니다.

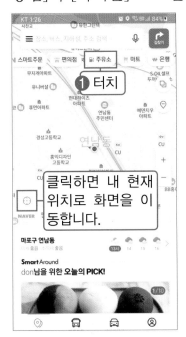 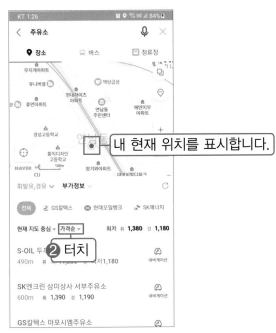

02 [정렬 기준] 창에서 [거리순]을 터치합니다. 가장 위쪽이 현재 위치에서 가장 가까운 주유소가 제일 위에 나타납니다. 휘발유(보통) 가격을 확인합니다.

"백석역" 명칭이 보이도록 스크린 샷한 후 오른쪽처럼 "백석역"이 가운데에 보이도록 사각형으로 자르기하여 답안지에 제출하세요(이미지).

01 네이버 지도의 검색창에 **'백석역'을 입력**한 후, ⊙ **를 터치**하여 검색합니다. '백석역' 명칭이 보이도록 캡처해야 하는데 백석역에 위치 표시가 되어 있습니다.

02 백석역 주변의 장소 중 **'터벌림민속예술원'를 터치**하여 위치를 변경합니다. 같은 방법으로 다른 장소를 검색할 때도 주변을 터치해 주면 위치 표시가 터치한 장소로 옮겨집니다.

03 백석역이 보이도록 손으로 **드래그**한 후 화면을 캡처하기 위해 **[전원]** 버튼과 **[음량(하)]** 버튼을 동시에 누릅니다.

04 캡처가 완료되면 하단에 캡처 도구가 나타납니다. 캡처 도구에서 🔁를 터치합니다. 사각형으로 만들기 위해 **캡처 화면 모서리의 자르기 선을 드래그**한 후, ↓ 를 **터치**해 저장합니다.

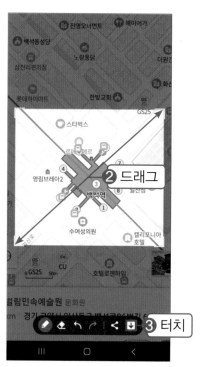

05 [홈] 버튼(○)을 **터치**한 후, 홈 화면이나 앱스 화면에서 [Samsung Notes(📒)] **앱을 선택**합니다. 이미지를 삽입할 **노트를 선택**한 후, '**2.**'를 **입력**합니다. ⋮를 터치합니다.

06 [이미지]를 터치한 후, [갤러리(✼)] 앱을 터치합니다.

07 [갤러리(✼)] 앱의 [사진]에서 가장 **최근 사진을 선택**하면 답안지에 이미지가 삽입됩니다.

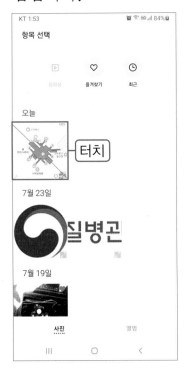 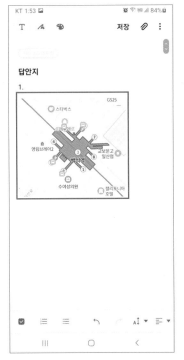

1 (객관식) 네이버(Naver) 지도 앱이나 다음(Daum) 지도 앱의 길찾기 서비스를 이용하여 첨성대에서 국보 제30호를 도보로 가는 지도 경로를 찾아 거리는 몇 km인지 찾아보세요.

① 1.5km   ② 2.1km   ③ 2.5km

③ 2.7km   ⑤ 3km

2 (객관식) 네이버(Naver) 지도 앱이나 다음(Daum) 지도 앱을 이용하여 '종묘광장공원'에서 보물 제821호를 도보로 가는 경로를 찾아 도보로 소요되는 시간은 얼마나 되는지 알아보세요.

① 6분   ② 8분   ③ 9분

③ 10분   ⑤ 15분

3 (주관식) 현재 위치에서 두 번째로 가까운 주유소를 찾고 경유 가격이 얼마(한국석유공사 인터넷 공시 기준)인지 찾아보세요(숫자).

4 (주관식) "쌍촌역" 명칭이 보이도록 스크린샷한 후, 오른쪽처럼 "쌍촌역"이 가운데에 보이게 자르기하여 답안지에 제출하세요(이미지).

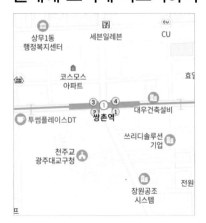

06 계산하기

계산기를 사용하면 사칙연산, 공학용 계산기, 단위 변환 등을 사용할 수 있습니다. 혼합계산의 경우 사칙연산의 순서를 알아야 풀 수 있는 문제입니다. 하지만 사칙연산의 순서를 몰라도 계산기 앱을 사용하면 풀 수 있습니다. 계산기를 사용하는 방법에 대해서 알아보겠습니다.

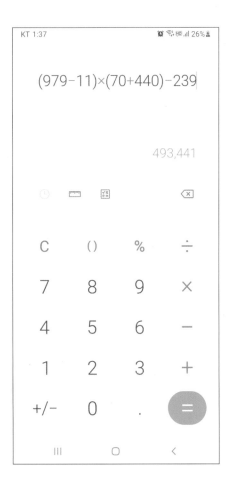

을 배울까요?

⋯ 사칙연산 계산 순서 이해하기　　　⋯ 괄호가 있는 혼합식 계산하기

도서의 ISBN 검색하기

2020년 칼데콧 아너상 수상작 『곰이 강을 따라갔을 때』를 검색하여 이 책(국내도서)의 국제표준도서번호 (ISBN-13)의 숫자를 다음 식의 네모 칸에 순서대로 넣어 계산하세요.(숫자)

$$(\Box\Box\Box - \Box\Box) \times (\Box\Box + \Box\Box\Box) - \Box\Box\Box$$

01 네이버의 검색창에 책 이름인 **'곰이 강을 따라갔을 때'**를 **입력**한 후, **[한/영] 키**를 **터치**하여 **'isbn'**을 **입력**합니다. 🔍 **를 터치**하여 검색합니다.

02 검색된 국제표준도서번호 ISBN을 확인합니다.

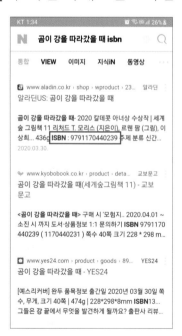

01 [계산기()] 앱을 **터치**합니다.

배움터

[계산기(📱)] 앱도 [즐겨찾기] 폴더에 미리 넣어두는 것이 좋습니다.

02 다음처럼 계산기에서 숫자와 연산기호, 괄호를 순서대로 눌러서 **수식을 입력**합니다.

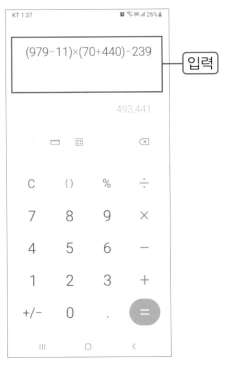

입력

배움터 배움터 [계산기(📱)] 앱 살펴보기

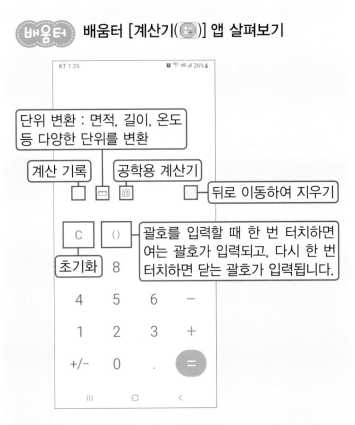

단위 변환 : 면적, 길이, 온도 등 다양한 단위를 변환

계산 기록

공학용 계산기

뒤로 이동하여 지우기

초기화

괄호를 입력할 때 한 번 터치하면 여는 괄호가 입력되고, 다시 한 번 터치하면 닫는 괄호가 입력됩니다.

01 ( ) 안을 먼저 계산합니다.

02 곱셈이나 나눗셈을 먼저 계산합니다.
(곱셈과 나눗셈은 앞에서부터 차례로 계산합니다.)

03 덧셈이나 뺄셈을 계산합니다.
(덧셈과 뺄셈은 앞에서부터 차례로 계산합니다.)

$$(979-11) \times (70+440) - 239 = 493441$$

968　　　510

493680

03 마지막으로 계산기에서 '**=**'를 **터치**하면 자동으로 계산되어 답이 나타납니다. 결과 값이 493,441입니다. 지금까지의 계산 기록을 보기 위해 ⏱ **를 터치**합니다.

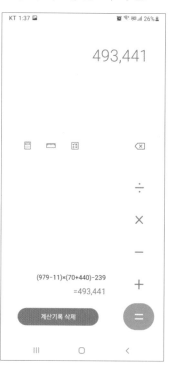

괄호를 입력하지 않거나, 잘못 입력하여 계산하면 혼합계산의 답이 달라지므로 문제를 잘 확인하고 괄호를 입력해야 합니다.

979-11×70+440-239

410

1 (객관식) 2019년 퓰리처상(2019 Pulitzer Prize Winner) 소설 부문(Fiction) 수상작품인 「오버스토리」 책의 국제표준도서번호(ISBN-13)의 숫자를 다음 식의 네모 칸에 순서대로 넣어 계산하세요.

$$(\square\square\square\square + \square\square\square\square) \times \square\square - \square\square \times \square$$

① 241157   ② 100742   ③ 116062

④ 144571   ⑤ 145241

2 (객관식) 경북 안동 봉황사 대웅전이 국가지정문화재로 승격되었고, 의성 고운사 연수전은 보물로 지정이 예고되었습니다. 봉황사 대웅전의 국가문화재 지정번호(보물)을 검색하여 다음의 식을 계산하세요.

$$(108-70) \times (\text{[국가문화재 지정번호]} + 92) \div 4$$

① 4488   ② 4590   ③ 12582

④ 18569   ⑤ 20520

3 (객관식) 2020년 창비청소년문학상 수상작 『유원』을 검색하여 이 책의 국제표준도서번호(ISBN-13)의 숫자를 다음 식의 네모 칸에 순서대로 넣어 계산하세요.

$$(\square\square\square \times \square\square) - \square\square\square\square + (\square\square\square \div \square)$$

① 83745   ② 75642   ③ 68523

④ 56240   ⑤ 45891

네이버 앱의 그린닷의 렌즈 기능을 사용하거나 다음 앱의 코드검색을 사용하면 바코드를 판독할 수 있습니다. 바코드를 판독하여 해당 제품에 관련된 내용을 파악할 수 있습니다.

 무엇을 배울까요?

⋯▶ 그린닷의 렌즈 사용하기 ⋯▶ 다음 앱의 코드검색하기

다음 바코드를 판독하여 책제목이 무엇인지 찾아보세요.

01 [네이버(N)] 앱에서 **그린닷을 터치**한 후, **[렌즈]를 터치**합니다.

① 터치

② 터치

배움터 바코드

바코드란 컴퓨터가 판독할 수 있도록 한 코드로, 흰 색 바탕에 검은 색으로 나타냅니다. 막대들의 넓이와 수, 번호에 따라 상품을 구분합니다. 바코드는 주로 상품의 포장지에 표시해서 상품 관리할 때 편리하게 이용됩니다. 바코드는 책이나 상품에 대한 정보를 미리 컴퓨터에 입력하여 물건을 쉽게 구분하기 위해 만든 것으로 바코드에는 나라 이름, 회사 이름, 상품 이름, 가격 등의 정보가 들어 있습니다.

02 [QR/바코드]를 터치한 후, **카메라로 QR코드를 비춥니다.** 인식된 결과창이 위쪽에 나타나면 **결과창을 터치**합니다. 결과 페이지로 이동되면 책 제목을 확인합니다.

배움터 상품의 바코드로 상품정보 찾아보기

[네이버(N)] 앱에서 그린닷을 터치한 후 [렌즈] – [QR/바코드]를 터치하여 카메라로 책의 바코드를 비출 때와 마찬가지로 상품의 바코드를 비춥니다. 결과창을 터치하면 상품이 있는 웹 페이지로 이동하여 상품 정보, 가격 등을 알 수 있습니다.

01 [다음(D)] 앱의 [코드검색(▦)]에서는 도서의 바코드나 QR코드만 검색할 수 있습니다. [다음(D)] 앱의 검색창에서 ▦를 터치한 후, [코드검색(◉)]를 터치합니다. 렌즈로 바코드를 비춥니다.

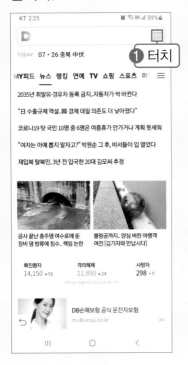 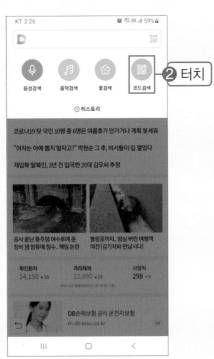

02 바로 자동으로 인식되어서 검색 페이지로 이동합니다.

1 (주관식) [네이버(N)] 앱이나 [다음(D)] 앱을 사용하여 바 코드를 판독하여 책의 국제표준도서번호(ISBN-13)의 숫자를 찾아보세요(숫자).

2 (주관식) [네이버(N)] 앱이나 [다음(D)] 앱을 사용하여 바 코드를 판독하여 책의 출판사 이름을 찾아보세요(한글).

3 (객관식) [네이버(N)] 앱이나 [다음(D)] 앱을 사용하여 바 코드를 판독하여 책의 이름은 찾아보세요.

① 핵심실무 상속세 증여세
② 상속세 및 증여세 실무해설
③ 상속을 디자인하라
④ 신 중국세법해설
⑤ 사회적 상속

4 (객관식) [네이버(N)] 앱이나 [다음(D)] 앱을 사용하여 바 코드를 판독하여 책의 이름은 찾아보세요.

① 아는 만큼 재미있는 포토스케이프X
② 아는 만큼 재미있는 엑셀 2016 활용
③ 돈과 시간을 아끼는 컴퓨터활용능력 2급 필기
④ 스마트한 생활을 위한 버전2 동영상 제작&편집
⑤ 스마트한 생활을 위한 버전2 스마트폰 활용

08 생활 속에서 문제 해결하기

실생활 속에서 어떤 문제가 나올지 모르기 때문에 인터넷에서 다양한 정보를 검색하고 많은 연습을 해보는 것이 중요합니다. 실생활에서 앱을 실행한 후, 따라하면서 문제를 해결하고 스마트폰을 조작해봅니다.

 무엇을 배울까요?

⋯▶ 홈페이지 방문하여 정보찾기　　　⋯▶ 쇼핑몰에서 물건 구매하기

대통령 공개일정은 대통령 공식 홈페이지를 통해서 자세히 알 수 있습니다. 대통령 공개일정 중에서 2019년 11월 23일과 2019년 12월 23일 공개 일정명을 찾아 답안지에서 대화를 완성하세요(한글 또는 숫자).

질문 : 2019년 11월 23일 일정명은 무엇인가요?
답변 :
질문 : 2019년 12월 23일 일정명은 무엇인가요?
답변 :

01 네이버의 검색창에 대통령 공식 홈페이지인 **'청와대'를 입력**한 후, **검색된 URL을 터치**합니다. 청와대 사이트의 오른쪽 상단의 **[메뉴(≡)]를 터치**합니다.

배움터 공식 홈페이지에 접속하기

정부나, 관공서 등과 같은 정부부처는 다음과 같이 공식 사이트 검색할 수 있습니다.

▲ 청와대   ▲ 통계청   ▲ 국토교통부 실거래가

02 [문재인 대통령] – [공개일정]을 **터치**합니다. 문제에서 제시한 날짜가 나올 때까지 왼쪽 상단의 〈 를 **터치**합니다. 달력에서 **날짜를 터치**합니다.

03 공개 일정을 확인합니다.

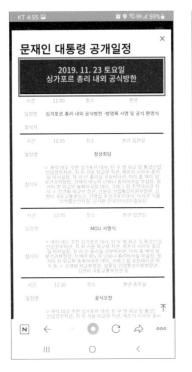

04 답안지에 **일정을 입력**합니다.

모바일 쇼핑몰에서 상품 구매하기

"KT shop"에 접속하여 스마트폰을 구매해봅니다. 주문정보는 "기기변경, 요금할인 24개월, 5G슬림Plus 요금제, 24개월 할부, 택배 배송"으로 주문을 하고, 구매정보에 동의합니다. 다음의 정보로 본인인증(신용카드)을 해서 구매작업을 완료합니다.

성명 : 본인 이름	생년월일 : 본인 생일
핸드폰 번호 : 본인 핸드폰 번호	카드번호 : 본인 카드 번호
유효기간 : 본인 카드의 유효기간	비밀번호 : 앞 두자리

01 네이버의 검색창에 'KT shop'를 **입력**한 후, ⊙ **를 터치**하여 검색합니다. 검색된 [KT Shop]을 **터치**합니다.

배움터 해당 과정을 끝까지 진행해도 상품을 구매하지는 않습니다. 그러나 도서 내용 이후의 과정을 진행하신다면, 상품을 실제로 구매하실 수도 있기 때문에, 반드시 주의해서 도서 내용을 살펴보고 과정을 따라하시길 바랍니다. 만일 실수로 구매하셨다면 인터넷에서 물품을 주문하셨다면 「전자상거래 등에서의 소비자보호에 관한 법률」 제17조제1항에 의거하여 7일 이내에 직접 상품을 구매한 쇼핑몰에서 주문을 취소하거나 반품을 할 수 있습니다.

02 상단 메뉴에서 [핸드폰 구매] – [핸드폰]을 **터치**합니다. 문제에 제시된 주문정보를 따라 [5G]를 **터치**한 후, 해당하는 **핸드폰 중 하나를 선택**합니다.

03 [가입유형]은 [기기변경]으로, [요금제 선택]은 [5G 슬림 Plus]로 **설정**합니다.

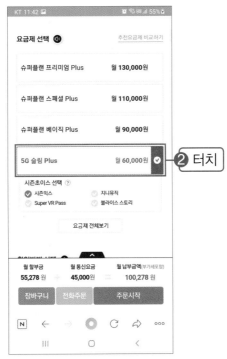

배움터 언급되지 않은 설정

문제에 언급되지 않은 설정은 기본값을 유지하거나 임의로 설정을 변경합니다.

04 [할인방법 선택]에서 **[요금할인 24개월]**로 설정한 후, **[할부개월]**은 **[24]**로 설정하고 **[가입조건 선택완료]** 단추를 터치합니다.

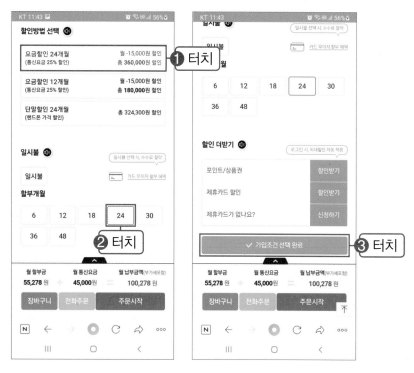

05 [배송방법/대리점]에서 **[택배]**를 터치하고 **원하는 대리점의 [선택]** 단추를 터치합니다. **[가입조건/배송방법 설정 완료]** 창에 **[확인]** 단추를 터치합니다.

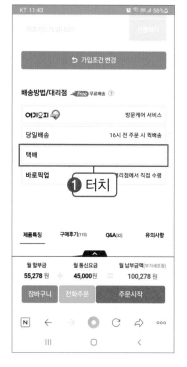

06 [주문시작] 단추를 터치한 후, 이동전화 사기판매 주의 안내 창에 [확인] 단추를 터치합니다. 로그인 안내 창은 [로그인 없이 주문]을 터치합니다.

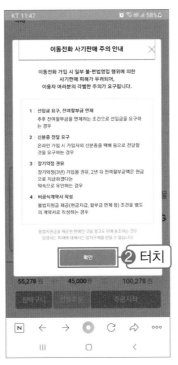

07 약관동의에 '모든 이용약관 동의'에 체크하고 본인인증에서 [신용카드]를 터치한 후, 이름, 연락처, 생년월일/성별을 입력하고 [신용카드 인증] 단추를 터치하고 절차에 따라 카드번호, 비밀번호를 입력합니다. 본인인증 성공창의 [확인]을 터치합니다. 여기까지 연습해 봅니다.

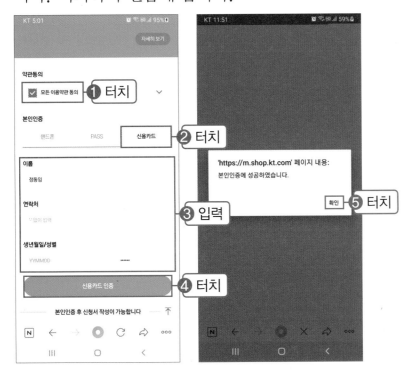

1 (작업형) 2019년 12월 중국 후베이성 우한시에서 원인불명의 폐렴이 집단 발병하면서 시작된 사태입니다. 이후 중국 전역은 물론 주변 아시아 국가와 북미 등으로 감염세가 확산되었습니다. 세계보건기구(WHO)에서 결정한 이 감염병의 정식 명칭과 전세계적으로 감염자가 속출하면서 2020년 3월 11일에 무엇을 선포하였는지 모바일 답안지에서 대화를 완성하세요(영어 또는 숫자).

> 질문 : 세계보건기구(WHO)에서 결정한 이 감염병의 정식 명칭은 무엇인가요?
> 답변 :
> 질문 : 세계보건기구(WHO)에서 2020년 3월 11일에 무엇을 선포하였는가요?
> 답변 :

2 (작업형) 2020년 7월 23일에 부산 집중호우가 시간당 최고 80㎜의 폭우가 내리면서 지하차도에서 3명이 숨지는 사고가 발생했습니다. 이날 부산 기상관측소(유인관서)에서 관측한 일강수량(mm)과 최고기온(℃)을 찾아 답안지에서 대화를 완성하세요(숫자).

> 질문 : 부산에서 기상관측한 2020년 7월 23일 일강수량은 몇 mm인가요?
> 답변 :
> 질문 : 부산에서 기상관측한 2020년 7월 23일 최고기온은 몇 ℃인가요?
> 답변 :

09 양식 입력하기

스마트폰으로 인터넷에서 정보를 검색을 하거나, 모바일로 문서를 작성해야 할 때가 있습니다. 그런 상황에서 자신이 가지고 있는 정보에 따라 주어진 양식에 답변을 작하는 연습이 필요합니다. 문서에서 요구하는 것이 무엇인지 파악하고, 그에 대한 답변을 연습해보도록 하겠습니다.

 무엇을 배울까요?

⋯ 영어 대/소문자 입력하기   ⋯ 기호 입력하기
⋯ 상용구 입력하기

다음 내용을 입력하세요(영문, 한글).
단, 글꼴, 크기, 서식, 음영 등은 지정하지 않습니다.

When someone is mean, don't listen
When someone is rude, walk way
When someone tries to put you down, stay from
Don't let someone's bad behavior
destroy your inner peace
누군가가 못되게 굴었다면 듣지 마세요
누군가가 무례했다면 자리를 뜨세요
누군가 당신의 기를 죽이려했다면 피하세요
누군가로 인해 당신의 평화로운 마음을
다치게 하지 마세요

01 **[Samsung Notes(⬛)] 앱을 실행**한 후, 새 노트를 만들기 위해 ➕**를 터치**합니다. 새 노트가 열리고 노트 입력 부분에 커서가 위치해있습니다. 한글로 되어 있으면 **[한/영] 키를 누르고** 영문 키보드일 때 ⇧ **를 터치**합니다.

02 영문 키보드가 대문자로 바뀌면 'W'를 입력하고, 다시 ⇧ 를 터치하여 소문자 키보드로 바뀌면 나머지 입력합니다. 'don'을 입력하면 아래쪽에 상용문구가 나타납니다. [don't]를 터치합니다.

배움터 기호 입력

큰따옴표(" ")나 작은따옴표(' ')를 입력할 때는 직접 !#1 를 터치하여 키보드를 기호로 바꾼 후, 입력할 기호를 선택하여 입력하고 다시 [한/영] 키를 눌러 영문을 입력합니다.

03 줄바꿈을 하기 위해 ⏎를 **터치**하고 같은 방법으로 **나머지 문장도 입력**합니다.

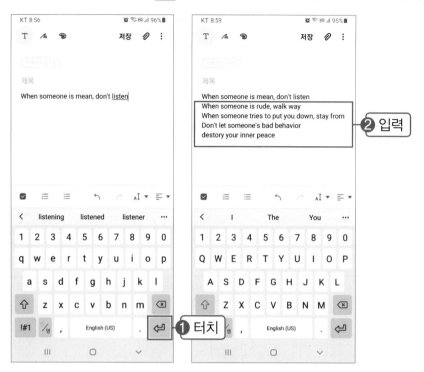

04 한글을 입력하려면 [한/영] 키를 누르고 같은 방법으로 **다음과 같이 입력**합니다. **[저장]을 터치**하면 제목을 입력하지 않아도 작성한 내용을 저장할 수 있습니다.

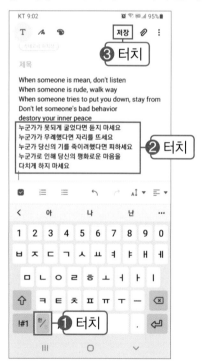

배움터 한글 입력시 된소리나 이중 모음을 입력해야 할 때는 한글 키보드에서 ⇧를 터치하여 입력합니다.

모바일 서비스 화면에서 회원가입이나 결제 등은 각자 다른 양식으로 작성합니다. 상황에 따라 요구되는 정보가 다르기 때문에 어떤 정보가 필요한지 파악하고 요구 사항에 맞춰 정확히 입력하거나 설정해주는 것이 중요합니다. 네이버에 회원가입을 하기 위해 다음 정보를 살펴보고 어디에 무엇을 입력할지 생각해봅니다.

[개인 정보]
- 아이디 : pinkangel12345
- 비밀번호 : tleo1600%
- 연락처 : 010 - 234 - 5678
- 인증번호 : 1157

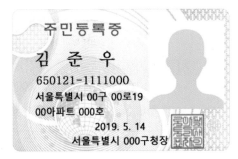

이름, 생년월일, 성별은 주민등록증에서 정보를 보고 입력하고, 아이디, 휴대전화, 인증번호는 개인 정보를 보고 입력합니다. 한글, 영문, 기호 입력 방법을 알아두어야 합니다.

디딤돌학습

1 (입력형) 다음 내용을 입력하세요(영문, 한글).
단, 글꼴, 크기, 서식, 음영 등은 지정하지 않습니다.

> I don't know who they think I am
> but I know who I am
> and that's all that matters
> 사람들이 나를 누구로 생각하는지 몰라요
> 하지만, 나는 내가 누구인지 알아요
> 그것이 유일하게 중요한 문제랍니다

2 (실무형) 다음 정보를 이용하여 회원가입을 완성하십시오.

주민등록증
홍 길 순
750506-2210109
서울특별시 00구 00로1
00빌라 000호
2016. 9. 24
서울특별시 000구청장

〈개인 정보〉
· 아이디 : pinkangel
· 비밀번호 : Win@Sidaer12#
· 연락처 : 010 - 234 - 5678
· 인증번호 : 1157

회원가입

아이디	
비밀번호	
비밀번호 재확인	
이름	
생년월일	
성별	
휴대전화	인증번호 받기
인증번호	

가입하기

P·A·R·T

03

실전
모의고사

문제 1 (객관식) 보건복지부 응급실 정보 검색 서비스를 이용하여 김대중도서관에서 가장 가까운 응급실을 찾아보세요.

① 연세한강병원　　　　　② 신촌연세병원

③ 합정연세365의원　　　④ 서울메디케어의원

⑤ 한강성심병원

문제 2 (객관식) 제 92회 미국 아카데미 시상식에서 남우주연상을 수상한 배우를 찾아보세요.

① 안토니오 반데라스　　② 레오나르도 디카프리오

③ 아담드라이버　　　　　④ 호아킨 피닉스

⑤ 조나단 프라이스

문제 3 (객관식) 특허제도는 발명을 보호 · 장려함으로써 국가산업의 발전을 도모하기 위한 제도입니다. 국내 특허검색에서 다음과 같은 부산국제영화제 상표의 출원번호를 찾아보세요.

① 4220100000247　　　　② 4200039890000

③ 4220110059877　　　　④ 4220110000361

⑤ 4220120029236

문제 4 (객관식) 보이스피싱 사기 피해 상담 및 환급 안내를 받을 수 있는 전화번호를 어느 것인지 찾아보세요.

① 112 　　　　　　　　　　 ② 118

③ 119 　　　　　　　　　　 ④ 120

⑤ 1332

문제 5 (객관식) 질병관리본부장이 특별관리(검역)가 필요하다고 인정하여 지정한 '검역 감염병 오염지역'을 방문(체류, 경유)한 후, 입국시 건강상태 질문서 제출이 의무화 되었습니다. (2020년 2월 12일기준) '코로나바이러스 감염증-19'의 감시 기간이 며칠인가요?

① 5일 　　　　　　　　　　 ② 6일

③ 10일 　　　　　　　　　　 ④ 14일

⑤ 21일

문제 6 (객관식) 통계청이 발표한 2020년 4월 인구 동향에 따르면 출생아 수는 23,420명으로 전년 동일대비 10.4% 감소하였습니다. 2020년 4월 경기도의 출생아는 몇명인가요?

① 610명 　　　　　　　　　　 ② 606명

③ 999명 　　　　　　　　　　 ④ 4,139명

⑤ 6,495명

문제 7 (객관식) 다음의 고속도로 구간에 대하여 승용차(2축 윤폭 279.4mm 이하)의 고속도로 통행요금(현금결제 기준, 요일시간 할인없음)이 얼마인지 찾아보세요.

경로	당진 ➜ 당진JC ➜ 서산 ➜ 해미 ➜ 홍성 ➜ 광천 ➜ 대천 ➜ 무창포 ➜ 춘장대 ➜ 서천 ➜ 동서천JC ➜ 군산 ➜ 동군산 ➜ 서김제 ➜ 부안 ➜ 줄포 ➜ 선운산 ➜ 고창
총거리	187.5Km

① 4,650원 　　　　　　　　　　 ② 9,300원

③ 9,500원 　　　　　　　　　　 ④ 9,800원

⑤ 12,800원

문제 8 (객관식) 인공지능이 점차 발전하면서 지능이 축적돼 인류 전체 지능의 총합을 뛰어넘는 시점을 무엇이라 하는지 찾아보세요.

① 지능폭발　　　　　　　② 특이점

③ 기계지능　　　　　　　④ 지능지수

⑤ 변곡점

문제 9 (객관식) 한국은행에서 발행한 100원 동전의 경우 최초 발행 이후 도안 및 소재 변경이 1번 있었습니다. 변경된 동전의 발행 날짜(연월일)를 찾아보세요.

① 1970년 11월 30일

② 1972년 12월 1일

③ 1982년 6월 12일

④ 1983년 1월 15일

⑤ 2006년 12월 18일

문제 10 (객관식) 아제르바이잔 바쿠에서 열린 제43차 유네스코 세계유산위원회(WHC)의 최종 심의에서 한국이 신청한 문화재의 세계문화유산 등재가 최종 확정되었습니다. 이번에 한국의 서원 몇 곳이 등재되는데 성공하였는지 찾아보세요.

① 4곳　　　　　　　　　② 5곳

③ 6곳　　　　　　　　　④ 7곳

⑤ 9곳

문제 11 (객관식) 네이버(Naver) 또는 다음(Daum)의 환율정보에서 KEB하나은행이 제공하는 스웨덴 화폐(SEK)의 2020년 7월 24일 일자별 매매기준율을 조회해 1크로나(SEK) 당 원화 환율은 얼마(단위:원)인지 찾아보세요.

① 136.88원　　　　　　　② 136.80원

③ 135.77원　　　　　　　④ 135.31원

⑤ 135.07원

문제 12 (객관식) '이른 가을에 부는 선선한 바람'을 뜻하는 우리말은 무엇인가요?

① 색바람　　　　　　　　② 건들바람

③ 손돌바람　　　　　　　④ 황소바람

⑤ 칼바람

문제 13 (객관식) '백자 동화매국문 병'이 출토지나 유래가 우리나라와 연관성이 불분명한 점 등의 이유로 국가지정문화재의 국보 지정된지 46년만에 해제됩니다. 국가지정문화재에서 해제되면 해당 지정번호는 영구결번 처리되는데, 이 국가문화재 지정번호(국보)을 검색하여 다음의 식을 계산하세요.

([국가문화재 지정번호] + 302) − (24 × 5) ÷ 40

① 402　　　　　　　　　② 467

③ 564　　　　　　　　　④ 604

⑤ 637

문제 14 (주관식) 국제 언론 감시단체인 '국경 없는 기자회(RSF)'가 전 세계 180개국을 대상으로 조사한 '2020 세계 언론 자유 지수(2020 World Press Freedom Index)'를 공개했습니다. 2020 세계 언론 자유 지수에서 6위를 차지한 국가는 카리브해에 위치한 국가로 2019년에는 세계 언론 자유 지수 8위를 차지한 바 있고, 2009년 2월 이후에는 폭력이나 위협이 없는 방식으로 언론인이 보도를 시작했습니다. 이 국가의 이름을 찾아보세요(한글).

문제 15 (주관식) 친환경농축산물 인증제도는 소비자에게 보다 안전한 친환경농축산물을 전문인증기관이 엄격한 기준으로 선별 · 검사하여 정부가 그 안전성을 인증해주는 제도입니다. 인증번호 "제64-6-4호"의 대표품목은 무엇인지 찾아보세요(한글).

문제 16 (주관식) 폭염주의보는 최고 체감온도 33도를 웃도는 상태가 이틀 이상 계속되거나 더위로 큰 피해가 예상될 때 발효됩니다. 2020년 서울에 첫 폭염주의보가 발효된 날을 찾아보고 서울 기상관측소(유인관소)에서 관측한 이 날의 최고 기온(℃)을 찾아보세요(숫자).

문제 17 (주관식) 사자성어 '伯俞之孝'는 '백유의 효도'라는 뜻으로, 어버이에 대한 지극한 효심을 일컫는 말입니다. 사자성어 '伯俞之孝'를 찾아 복사한 후, 답안지에 붙여넣기 하세요(한자).

문제 18 (작업형) 1980년에 설립된 문화재청 산하의 공공기관으로서, 사라져가는 무형유산을 올바로 전승하거나 국민들이 더욱 즐겁게 전통문화를 누릴 수 있도록 다양한 사업을 전개해 나가고 있는 재단입니다. 이 재단의 CI 이미지를 찾아 다음과 같이 이미지를 자르기 하세요(이미지).

문제 19 (실무형) 다음 정보를 이용하여 수강신청서를 작성해주세요.

〈교육 정보〉
- 교육분류 : IoT 데이터분석
- 교육과정 : 빅데이터 분석
- 희망일자 : 2021년 1월 9일 14:30~16:30

수강신청서

성 명 :	
생년월일 :	(생년월일6자리)
교육분야 :	
교육과정 :	
희망일자 :	

문제 1 (객관식) 다음(Daum) 앱의 꽃 검색 또는 네이버(Naver) 앱의 스마트렌즈로 다음 이미지의 꽃 이름을 찾아보세요.

① 달맞이꽃   ② 개느삼

③ 패랭이꽃   ④ 붉은토끼풀

⑤ 황기

문제 2 (객관식) 창경궁을 관람하려고 합니다. 무료 관람대상자가 아닌 경우를 찾아보세요.

① 만6세 이하 어린이   ② 만25세 대학생

③ 한복 입은 초등학생   ④ 군복을 입은 현역군인

⑤ 만30세 국가유공자

문제 3 (객관식) 특허제도는 발명을 보호 · 장려함으로써 국가 산업의 발전을 도모하기 위한 제도입니다. 국내 특허 검색에서 현재 등록된 다음과 같은 서울경찰 포돌이 상표의 출원번호를 찾아보세요.

① 4200007590000   ② 4219990000206

③ 4219990000204   ④ 4220000025287

⑤ 4200007570000

문제 4 (객관식) 10분 이내의 짧은 분량의 영상으로 언제 어디서나 모바일 기기를 이용해서 즐길 수 있고 직접적인 스토리 구성을 통해 대중들의 소비하는 트렌드 콘텐츠를 무엇이라 하는지 찾아보세요.

① 킬러 콘텐츠   ② 문화 콘텐츠

③ 숏폼 콘텐츠   ④ 클린 콘텐츠

⑤ 서머리 콘텐츠

문제 5 (객관식) 2020년 G7(Group of Seven)의 정상회의 개최국으로 예정된 국가는 어디인가요?

① 미국

② 일본

③ 캐나다

④ 프랑스

⑤ 영국

문제 6 (객관식) 통계청이 발표한 2020년 6월 국내인구이동결과에 따르면 이동자 수는 60만 7천 명으로 전년 동월대비 25.3% 증가했습니다. 2020년 6월에 경기도에 순유입된 인구는 몇 명인가요?

① 1,094명

② 2,912명

③ 1,900명

④ 1,560명

⑤ 12,668명

문제 7 (객관식) 사적 문화재 제116호에서 충청남도 서산고등학교까지 도로로 가는 지도 경로를 찾아 도보로 소요되는 시간은 얼마나 되는지 알아보세요.

① 1~2분

② 3~4분

③ 6~7분

④ 9~10분

⑤ 11~12분

문제 8 (객관식) 세계경제포럼(WEF)은 세계 성 격차 보고서 2020(Global Gender Gap Report 2020)에서 성별 격차를 지수화한 성 격차 지수(GGI · Gender Gap Index)를 발표했습니다. 전 세계에서 양성평등이 비교적 잘 실현된 것으로 평가된 나라는 아이슬란드(1위)로 성 격차 지수(GGI)는 0.877이었습니다. 이 보고서에서 우리나라의 성 격차 지수(GGI)를 찾아보세요.

① 0.671

② 0.672

③ 0.673

④ 0.676

⑤ 0.680

문제 9 (객관식) 한국은행은 2019년에 '3 · 1운동' 및 '대한민국임시정부 수립 100주년'을 맞아 기념주화를 발행했습니다. 기념주화의 발행화종은 액면가액 5만원화로 몇 종을 발행했는지 찾아보세요.

① 2종   ② 3종

③ 4종   ④ 5종

⑤ 6종

문제 10 (객관식) 여행경보제도는 특정 국가 여행 · 체류 시 특별한 주의가 요구되는 국가 및 지역에 경보를 지정하여 위험 수준과 이에 따른 안전대책(행동지침) 기준을 안내하는 제도로 4단계로 구분되어 있습니다. 현재 흑색경보(여행금지)가 발령 중이지 않는 국가를 찾아보세요.

① 소말리아   ② 레바논

③ 필리핀   ④ 이라크

⑤ 리비아

문제 11 (객관식) 네이버(Naver) 또는 다음(Daum)의 환율정보에서 KEB하나은행이 제공하는 영국 화폐(GBP)의 2020년 7월 31일 일자별 매매기준율을 조회해서 1파운드(GBP) 당 원화 환율은 얼마(단위:원)인지 찾아보세요.

① 1,518.04원   ② 1,524.01원

③ 1,540.18원   ④ 1,555.52원

⑤ 1,564.32원

문제 12 (객관식) 서울시 종로구에 위치한 조선 시대의 궁궐로 건축사에 있어 조선 시대 궁궐의 한 전형을 보여 주며, 후원의 조경은 우리나라의 대표적인 왕실 정원으로서 가치가 높은 사적 문화재입니다. 이 사적 문화재 지정번호를 검색하여 다음의 식을 계산하세요.

> **(45 × [사적 문화재 지정번호]) ÷ 15 − (201 + 97)**

① 68   ② 84

③ 98   ④ 162

⑤ 262

문제 13 (객관식) '볼을 이루고 있는 살'을 뜻하는 우리말은 무엇인가요?

① 가선　　　　　　　　　　② 아늠

③ 슬하　　　　　　　　　　④ 허우대

⑤ 자분치

문제 14 (주관식) 영국 최고 권위의 미술상으로 매년 4월경 수상 후보자 네 명(팀)을 발표한 뒤 전시를 개최하고, 연말에 최종 수상자를 발표하지만 2019년 시상식에서는 4명의 최종 후보 모두에게 공동으로 상을 수여했습니다. 이 상의 이름이 무엇인지 찾아보세요(한글).

문제 15 (주관식) 친환경농축산물 인증제도는 소비자에게 보다 안전한 친환경농축산물을 전문인증기관이 엄격한 기준으로 선별·검사하여 정부가 그 안전성을 인증해주는 제도입니다. 인증번호 "제16600403호"의 대표품목은 무엇인지 찾아보세요(한글).

문제 16 (주관식) 2020년 1월에는 겨울비답지 않게 많은 양의 비가 내리면서 전국 곳곳에서 일 강수량이 역대 1월 상순(1~10일) 기준 최다치를 경신했습니다. 2020년 1월 기상청 서울(유인관서)에서 관측한 월강수량(단위:mm, 소수 첫째 자리까지 표시)을 찾아보세요(숫자).

문제 17 (주관식) 사자성어 '比翼鳥'는 '짝을 짓지 않으면 날지 못한다는 새'라는 뜻으로, 남녀사이 혹은 부부애가 두터움을 이르는 말입니다. 사자성어 '比翼鳥'를 찾아 복사한 후, 답안지에 붙여넣기 하세요(한자).

문제 18 (작업형) 다음 바코드를 판독한 후, 답안지에서 대화를 완성하세요(한글).

질문 : 책 제목은 무엇인가요?
답변 :
질문 : 책을 발행한 출판사 이름은 무엇인가요?
답변 :

문제 19 (실무형) 다음 정보를 이용하여 회원가입 신청서를 완료하세요.

〈개인 정보〉
- 아이디 : black001
- 비밀번호 재발급 : Q 내가 태어난 곳은?
  A 서울
- 우편번호 : 04158
- 주소 : 서울시 마포구 큰우물로 75 A118호
- 연락처 : 010 - 1111 - 9999

회원가입

회 원 이 름 :		
주민등록번호 :	─	******
아 이 디 :		중복체크
비 밀 번 호 : ●●●●●●●●●		
비밀번호 재확인: ●●●●●●●●●		

비밀번호 재발급
　Q
　A

주　　　소 :		우편번호 찾기

휴 대 전 화 : ☐ ─ ☐ ─ ☐

확인

문제 1 (객관식) 2019년 11월 발행한 '한국의 국립공원(속리산, 내장산, 경주) 기념주화' 중 경주 기념주화 뒷면에 도안은 무엇인지 찾아보세요.

① 수달과 털조장나무

② 팔색조와 거머리말

③ 하늘다람쥐와 망개나무

④ 비단벌레와 진노랑상사화

⑤ 원앙과 소나무

문제 2 (객관식) 사증면제제도란 국가간 협정이나 일방 혹은 상호 조치에 의해 사증 없이 상대국에 입국할 수 있는 제도입니다. 무사증입국이 가능하지 않은 국가를 찾아보세요.

① 대만

② 중국

③ 동티모르

④ 라오스

⑤ 마카오

문제 3 (객관식) 유네스코 세계유산에 등재된 한국의 산사 7곳 중 가장 남쪽에 있는 산사의 이름을 찾아보세요.

① 통도사

② 부석사

③ 봉정사

④ 법주사

⑤ 대흥사

문제 4 (객관식) 공공와이파이는 주민센터, 복지시설, 전통시장 등 국민들이 자주 이용하는 공공장소에서 누구나 무료로 이용 가능한 와이파이(Wi-Fi) 서비스입니다. 제주도의 정방폭포 주변의 공공와이파이 서비스가 제공되는 장소가 몇 곳인지 찾아보세요.

① 0곳

② 1곳

③ 2곳

④ 3곳

⑤ 4곳

문제 5 (객관식) 2020년 동계 청소년 올림픽에서 메달집계 순위 1위 국가는 어디인지 찾아보세요.

① 러시아
② 스위스
③ 일본
④ 스웨덴
⑤ 오스트리아

문제 6 (객관식) 통계청이 발표한 2020년 5월 온라인쇼핑몰 동향에 따르면 온라인쇼핑 거래액은 12조 7,221억원으로 전년동월대비 13.1% 증가하였으며 온라인쇼핑 중 모바일쇼핑 거래액은 8조 6,944억원으로 전년동월대비 21.0% 증가했습니다. 온라인쇼핑 거래액 중 모바일쇼핑 거래액 비중이 몇 %를 차지하는지 찾아보세요.

① 15.5%
② 26.1%
③ 33.1%
④ 68.3%
⑤ 77.5%

문제 7 (객관식) 인천국제공항에서 직통열차를 이용하여 서울역까지 빠르게 이동하려고 합니다. 성인 1명과 어린이 1명이 탑승했을 때 이용요금은 총 얼마인가요?

① 6,050원
② 6,950원
③ 12,500원
④ 14,000원
⑤ 16,000원

문제 8 (객관식) 너무 과한 정보를 일컫는 용어로 의도치 않게 타인의 정보를 너무 많이 알게 되었거나 사소한 것까지 알게 되는 경우 사용하는 용어를 무엇이라 하는지 찾아보세요.

① SSH
② TMI
③ VBA
④ PGP
⑤ Mbps

문제 9 (객관식) 우정사업본부는 우리나라의 해양 보호 생물을 소재로 시리즈 우표를 2022년까지 발행할 계획입니다. 해양수산부에서 추천받은 보호대상 해양생물의 모습이 각각 담기는데 발행할 연도와 소재가 바르게 연결되지 않은 것은 어느 것인가요?

① 2018년 – 펭귄
② 2019년 – 산호
③ 2020년 – 거북
④ 2021년 – 게
⑤ 2022년 – 상어

문제 10 (객관식) 백제 왕실 사찰인 부여 왕흥사지 금당 앞 목탑 터 사리공(사리를 넣는 구멍)에서 지난 2007년에 출토한 국내 최고 현존 사리공예품이 보물에서 12년만에 국보로 승격됩니다. 이 국보의 명칭을 찾아보세요.

① 왕흥사지 사리기
② 부여 사리기
③ 부여 출토 사리기
④ 부여 왕흥사지 사리기
⑤ 부여 왕흥사지 출토 사리기

문제 11 (객관식) 국토교통부에서는 부동산 거래 가격 및 거래 동향을 보다 정확하고 신속히 파악할 수 있도록 부동산 거래신고제를 통해 수집된 실거래 자료를 공개하고 있습니다. 2020년 7월 거래된 세종특별자치시 어진동 호수의 아침 아파트에서 전용 면적 17.425㎡ 매매 거래가(단위:만원)를 찾아보세요.

① 7,000만원
② 8,700만원
③ 9,000만원
④ 9,800만원
⑤ 10,300만원

문제 12 (객관식) '무엇이든지 잘 아는 체하는 사람'을 뜻하는 우리말은 무엇인가요?

① 날탕
② 도림장이
③ 되모시
④ 안다니
⑤ 뚱딴지

문제 13 (객관식) 2020년 그래픽노블로서는 최초로 '뉴베리 대상'을 받은 책을 검색하여 이 책(국내도서)의 국제표준도서번호(ISBN-13)의 숫자를 다음 식의 네모 칸에 순서대로 넣어 계산하세요.

$$(\square\square\square\square - \square\square\square) \times \square\square + (\square\square\square \div \square)$$

① −57355.5 ② −456944.5

③ 263458.5 ④ 489120.5

⑤ 618016.5

문제 14 (주관식) 제1급~제4급 감염병으로 나누는 '급(級)' 체계 개편을 포함하는 개정된 『감염병의 예방 및 관리에 관한 법률』이 2020년 시행되었습니다. 제1급 감염병 디프테리아(Diphtheria)의 한국표준질병분류(KCD) 부호를 찾아보세요(영어, 숫자).

문제 15 (주관식) 친환경농축산물 인증제도는 소비자에게 보다 안전한 친환경농축산물을 전문인증기관이 엄격한 기준으로 선별·검사하여 정부가 그 안전성을 인증해주는 제도입니다. 인증번호 "제01600046호"의 대표품목은 무엇인지 찾아보세요(한글).

문제 16 (주관식) 적설은 눈이 내려 쌓인 기간에는 관계없이 관측 시에 실제 지면에 쌓여 있는 눈의 깊이 전부를 말합니다. 대설주의보는 24시간 신적설(눈이 내려 쌓인 눈의 높이)이 5㎝ 이상 예상될 때 발령하는데 2020년 2월에는 전북 전주시에 대설주의보가 발령될 정도로 많은 눈이 내렸습니다. 2020년 2월에 전주기상관측소(유인관소)에서 관측한 최대 일일 신적설(단위:cm, 소수 첫째 자리까지 표시)을 찾아보세요(숫자).

문제 17 (주관식) 사자성어 '近朱者赤'은 '붉은빛에 가까이 하면 반드시 붉게 된다'라는 뜻으로, 주위 환경이 중요하다는 것을 이르는 말입니다. 사자성어 '近朱者赤'을 찾아 복사한 후, 답안지에 붙여넣기 하세요(한자).

문제 18 (작업형) 2019년에 발생한 제13호 태풍과 제17호 태풍의 영향으로 제주를 포함한 남부지방에 많은 비가 내렸습니다. 제13호 태풍이 발생한 달에 두 번째로 발생한 제17호 태풍 이름과 성산 무인관서에서 관측한 월강수량(단위:mm, 소수 첫째 자리까지 표시)을 찾아서 모바일 답안지에서 대화를 완성하세요(한글, 숫자).

> 질문 : 제17호 태풍의 이름은 무엇인가요?
> 답변 :
> 질문 : 제13호, 제17호 태풍이 발생한 달에 성산 무인관서에서 관측한 월강수량은 몇 mm인가요(소수첫째자리까지 표시)?
> 답변 :

문제 19 (입력형) 다음 내용을 입력하세요(영문, 한글).
단, 글꼴, 크기, 서식, 음영 등은 지정하지 않습니다.

> By the time Beethoven was 50
> he was totally deaf
> While he could no longer hear with his ears
> he could hear the music perfectly in his mind
> Beethoven composed some of his greatest music
> when he was deaf
> One of these pieces was his Symphony no.9
> 베토벤이 50이 되었을 때
> 그는 완전한 귀가 멀어버렸다
> 그가 더이상 귀로 소리를 들을 수 없게 된 반면
> 그는 마음으로 음악을 완벽하게 들을 수 있었다
> 베토벤은 청각장애인이 되었을 때
> 그의 가장 훌륭한 곡들 중 몇곡을 작곡하였다
> 그 중의 하나는 9번 교향곡이었다

문제 1 (객관식) 속초 버스 정류장 번호 255000088과 255000124에 정차하는 노선의 버스 번호를 아닌 것을 찾아보세요.

① 1번   ② 7번

③ 9번   ④ 55번

⑤ 93번

문제 2 (객관식) 인터넷 사이트, 네트워크 등을 다중 IP주소를 사용해 둘 이상의 네트워크에 접속을 유지하는 기술을 무엇이라 하는지 찾아보세요.

① 스트리밍   ② 멀티호밍

③ 이더넷   ④ 호스팅

⑤ 도메인

문제 3 (객관식) 특허제도는 발명을 보호 · 장려함으로써 국가산업의 발전을 도모하기 위한 제도입니다. 국내 특허검색에서 현재 등록된 다음과 같은 해치서울 상표의 출원번호를 찾아보세요.

해치서울

① 4220100014904   ② 4020080027943

③ 4200034540000   ④ 4220090000151

⑤ 4200612040319

문제 4 (객관식) 서울외곽순환도로의 명칭이 29년만에 2020년 9월 1일부터 변경되었습니다. 변경된 도로의 명칭을 찾아보세요.

① 수도권 제1순환고속도로   ② 수도권 제2순환고속도로

③ 경인선 고속도로   ④ 제2경인선 고속도로

⑤ 평택 시흥선 고속도로

문제 5 (객관식) 인천국제공항 장기주차장에 2020년 10월 20일 오전 7시 15분부터 2020년 10월 25일 오후 9시 45분까지 소형차를 주차했을 경우 주차요금은 얼마인지 인천공항 주차요금 계산기로 계산해보세요.

① 36,000원 ② 54,000원

③ 72,000원 ④ 115,200원

⑤ 144,000원

문제 6 (객관식) 통계청이 발표한 2019년 국제인구이동 통계에서 체류기간 90일 초과 국제이동자(입국자+출국자)는 총 146만 7천 명으로 전년대비 −0.9% 증가했습니다. 입국자는 74만 9천 명으로 전년대비 −8.4% 감소했으며, 출국자는 71만 7천 명으로 전년대비 8.4% 증가해 2000년 이후 최대입니다. 통계청의 국제인구이동 통계에서 2019년 외국인 입국자의 체류자격으로 순위가 가장 높은 것은 어느 것인가요?

① 단기 ② 취업

③ 유학 ④ 재외동포

⑤ 일반연수

문제 7 (객관식) '형제자매 사이의 우애와 정'을 뜻하는 우리말은 무엇인가요?

① 그린내 ② 띠앗머리

③ 예그리나 ④ 아띠

⑤ 다소니

문제 8 (객관식) 경기도박물관은 2020년 8월 4일에 11개월만에 재개관을 하게 되었습니다. 재개관을 하면서 특별전을 개최하는데 그 전시회 이름을 찾아보세요.

① 어린왕자

② 900년전 이방인의 코리아 방문기

③ 동무들아 이 날을 기억하느냐.

④ 그 많던 옛 이야기 어디로 갔을까?

⑤ 경기별곡: 민화, 경기를 노래하다

문제 9 (객관식) 2020년은 69년만에 태풍없는 7월을 보냈습니다. 6월 14일에 제2호 태풍 누리가 발생하였으나 우리나라에는 영향력 없이 소멸하였습니다. 이 태풍의 의미(뜻)는 무엇인가요?

① 천둥의 천사
② 바다의 신
③ 청색 벼슬을 가진 잉꼬새
④ 돌고래
⑤ 별자리의 고래자리

문제 10 (객관식) 한국석유공사는 정부의 석유유통구조개선 정책의 일환으로 전국 주유소의 판매가격을 실시간으로 조사·제공하는 곳을 운영하고 있습니다. 유종별 판매가격 제공 및 불법거래업소 공표하는 이곳은 어디인지 찾아보세요.

① 오피넷
② 알서포트
③ 렌트홈
④ 복지로
⑤ 산업통상자원부

문제 11 (객관식) 2019년 국제축구연맹(FIFA) 20세 이하(U-20) 월드컵에서 한국 역사상 처음으로 준우승을 차지했습니다. 결승전이 열린 개최국과 경기장을 찾아보세요.

① 폴란드 – 비제프 경기장
② 인도네시아 – 비제프 경기장
③ 폴란드 – 아레나 루블린 경기장
④ 인도네시아 – 티히 시립 경기장
⑤ 대한민국　수원 월드컵 경기장

문제 12 (객관식) 제43회 일본 아카데미 시상식에서 배우 심은경은 감독 후지이 미치히토의 영화로 최우수 여우주연상을 받았습니다. 이 영화 제목을 무엇인지 찾아보세요.

① 어느 가족
② 신문 기자
③ 신 고질라
④ 제보자
⑤ 오다기리 죠의 도쿄 타워

문제 13 (객관식) 국립전주박물관을 통해 보관·전시되던 익산 왕궁리 오층석탑 사리 장엄구가 55년만에 고향 익산의 품으로 돌아오게 되었습니다. 이 국가문화재의 지정번호(국보)를 검색하여 다음의 식을 계산하세요.

$$(9672 \div 78) \times 8 - (569 + [\text{국가문화재 지정번호}])$$

① 134
② 204
③ 300
④ 546
⑤ 712

문제 14 (주관식) 다음주 금요일에 울릉도를 가기 위해 후포 여객터미널에서 여객선을 타려고 합니다. 가장 빠른 출발운항시간을 찾아보세요(숫자).

문제 15 (주관식) 축산물이력제는 문제발생시 이동경로를 따라 추적, 소급하여 신속한 원인규명 및 조치를 통하여 소비자를 안심시키는 제도입니다. 이력(묶음)번호가 "제110094300934호"인 축산물의 도축 검사 결과를 찾아보세요(한글).

문제 16 (주관식) 독립문에서 서울특별시 유형문화재 제7호를 가기 위해 지하철로 최적의 시간으로 도착하려면 어디서 환승해야 하는지 지하철 환승역을 검색해보세요(한글).

문제 17 (주관식) 사자성어 '肝膽相照'는 '간과 쓸개를 내놓고 서로에게 내보인다'라는 뜻으로, 서로 마음을 터놓고 친밀히 사귐을 일컫는 말입니다. 사자성어 '肝膽相照'를 찾아 복사한 후, 답안지에 붙여넣기 하세요(한자).

문제 18 (작업형) 경남 김해시 구산동에는 약 2000년 전 금관가야 시조 김수로왕의 왕비인 허황옥이 아유타국(현재 인도 북동쪽)에서 싣고 왔다는 석탑이 있습니다. 이 석탑을 소재로 한국과 인도 사이에 공동 우표가 발행되었습니다. 오른쪽과 같은 우표 이미지를 찾아 답안지에 제출하세요(이미지).

문제 19 (실무형) 다음 정보를 이용하여 수강신청서를 작성하십시오.

〈온라인 교육 정보〉
- 교육분류 : 자격증 대비
- 교육과정 : 컴퓨터활용능력2급
- 모집기간 : 2021년 1월 15일 ~ 2021년 2월 15일
- 교육기간 : 2021년 2월 18일 ~ 2021년 2월 28일

수강신청서

성 명 :	
생 년 월 일 :	(생년월일6자리)
교 육 분 류 :	
교 육 과 정 :	
교 육 기 간 :	

문제 1 (객관식) 2021년 최저임금 월 환산액(주 소정근로 40시간을 근무할 경우, 월 환산 기준시간 수 209시간(주당 유급주휴 8시간 포함)기준)을 기준으로 150인 미만 사업장의 현재 고용보험 근로자 부담금은 얼마인지 국민연금공단의 4대 보험 간편계산기에서 계산해보세요.

① 14,580원   ② 19,136원

③ 26,426원   ④ 33,716원

⑤ 41,006원

문제 2 (객관식) 국가보훈처에서는 이달의 독립운동가를 매월 선정하고 있습니다. 1940년 대한여자애국단 제8대 총단장을 역임하셨던 분으로 2020년 7월의 독립운동가로 선정되신 분이 누구인지 찾아보세요.

① 정용기   ② 김세환

③ 정현숙   ④ 오광선

⑤ 강혜원

문제 3 (객관식) 물품을 주문한 적이 없는데 다음과 같은 스마트폰 문자를 받았을 때의 올바른 행동으로 가장 적절한 것은?

> "물품 배송했습니다. 확인하셨나요? http://~"

① 물품 배송을 확인하라는 발신자에게 전화를 걸어서 확인합니다.

② 문자와 함께 동봉된 "http://~"를 터치합니다.

③ 물품을 주문한 적이 없는데 이상한 문자가 왔으므로 무시하고 삭제합니다.

④ 나에게 물품을 보낸 친구가 있는지 알아보기 위해 받은 문자를 다른 친구에게 전달합니다.

⑤ 배송된 물품이 있는지 문앞을 살펴봅니다.

문제 4 (객관식) 압축되지 않은 고품질의 디지털 오디오와 비디오 신호를 통합하여 전송할 수 있는 초고속 멀티미디어 인터페이스는 무엇인지 찾아보세요.

① DP(디스플레이포트) ② HDMI
③ USB ④ DVI
⑤ D-Sub

문제 5 (객관식) 전 세계적인 코로나바이러스 감염증-19(코로나19) 확산 여파로 2020년 올림픽이 1년 연기되었는데 본래 열리기로 했던 도시는 어디인가요?

① 부산 ② 도쿄
③ 파리 ④ 베이징
⑤ 리우데자네이루

문제 6 (객관식) 통계청 귀농가구원의 시도별(시군별)·성별 현황에서 2019년 전라북도 정읍시 귀농인 수가 몇 명인지 검색하여 찾아보세요.

① 146명 ② 111명
③ 91명 ④ 85명
⑤ 55명

문제 7 (객관식) 강릉의 경포해변에서 정류장 번호가 252001141인 곳에서 버스를 타려고 합니다. 이 정류장에는 주말에만 운행하는 버스가 있습니다. 이 버스의 번호가 무엇인지 찾아보세요.

① 110번 ② 202번
③ 223-1번 ④ 225-1번
⑤ 333-1번

문제 8 (객관식) 한국배구연맹(KOVO) V리그 2020년 3월 1일(일) 의정부체육관에서 진행한 경기는 어느 팀이 이겼는지 찾아보세요.

① KB손해보험　　　　　② 현대캐피탈

③ 현대건설　　　　　　④ GS칼텍스

⑤ 대한항공 점보스

문제 9 (객관식) 현재 중량 30g의 국내 등기통상 우편물(통상, 규격외) 1통을 보낼 때의 요금(단위:원)을 검색하여 찾아보세요.

① 2,500원　　　　　　② 2,570원

③ 11,000원　　　　　④ 12,000원

⑤ 15,000원

문제 10 (객관식) 다음 사진은 사상 최초로 태양의 남극과 북측을 관측하게 될 우주탐사선이 인류 역사상 태양과 가장 가까이 근접해 비행하면서 찍은 사진으로, 태양 표면에서 활발하게 일어나고 있는 작은 태양 폭발(Solar Flares) 현상을 보여줍니다. 이 우주탐사선의 발사 날짜(연월일, 현지 발사시간 기준)은 언제인가요?

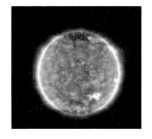

① 2020년 2월 9일　　　　② 2020년 2월 10일

③ 2020년 7월 30일　　　④ 2020년 7월 31일

⑤ 2020년 8월 1일

문제 11 (객관식) 네이버(Naver) 또는 다음(Daum)의 환율정보에서 KEB하나은행이 제공하는 브루나이 화폐(BND)의 2020년 7월 31일 일자별 매매기준율 조회해서 1달러(BND) 당 원화 환율은 얼마(단위:원)을 찾아보세요.

① 855.91원　　　　　　② 858.13원

③ 860.70원　　　　　　④ 864.32원

⑤ 866.58원

문제 12 (객관식) '잠깐 깨었다가 드는 잠'을 뜻하는 우리말은 무엇인가요?

① 그루잠　　　　　　② 나비잠

③ 말뚝잠　　　　　　④ 돌껏잠

⑤ 발칫잠

문제 13 (객관식) 오른쪽 바코드를 판독하여 어떤 책인지 찾아본 후, 이 책(국내도서)의 국제표준도서번호(ISBN-13)의 숫자를 다음 식의 네모 칸에 순서대로 넣어 계산하세요.

$$(\square\square\square \div \square\square) + (\square\square\square \times \square\square) - \square\square\square$$

① 15732　　　　　　② 15192

③ 18436　　　　　　④ 17425

⑤ 18972

문제 14 (주관식) 우정사업본부에서는 한국의 옛 건축시리즈 첫 번째로 4대 궁궐을 소재로한 '궁궐' 기념우표를 발행하였습니다. 다음 우표 이미지의 궁궐 이름을 찾아보세요(한글).

문제 15 (주관식) 축산물이력제는 문제발생시 이동경로를 따라 추적, 소급하여 신속한 원인규명 및 조치를 통하여 소비자를 안심시키는 제도입니다. 이력(묶음)번호가 "제002127588595호"인 축산물의 종류를 찾아보세요(한글).

문제 16 (작업형) 오른쪽의 이미지는 2020년 10월 5일(월) 08:00에 인천에서 출발하는 탑승권입니다. 도착지 공항은 어느 나라(국가명)/어느 도시(도시명)인지 모바일 답안지에서 대화를 완성하세요(한글).

질문 : 도착지 공항은 어느 나라(국가명)인가요?
답변 :
질문 : 도착지 공항은 어느 도시(도시명)인가요?
답변 :

Airplane
Boarding Pass 탑승권

Flight No. YS0000/05AUG03

From ICN
To YYZ
Name HONG/GILDONG MR
Dep.Time 08 : 00

Seat No.
좌석번호 32D

Membership Card No.
123456789

문제 17 (주관식) 사자성어 '消磨歲月'은 '닳아서 없어지는 세월'이라는 뜻으로, 일없이 헛되이 세월만 보냄을 이르는 말입니다. 사자성어 '消磨歲月'을 찾아 복사한 후, 답안지에 붙여넣기 하세요(한자).

문제 18 (작업형) "담티역" 명칭이 보이도록 스크린샷한 후, 오른쪽 이미지처럼 "담티역"이 가운데에 보이게 지도(지도는 자유롭게 사용)를 사각형으로 자르기하세요(이미지).

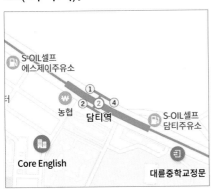

문제 19 (실무형) 다음 정보를 이용하여 카드신청서를 작성하시오.

〈개인 정보〉
• 우편번호 : 04158
• 주소 : 서울시 마포구 큰우물로 75 F01호
• 이메일 : aaa123@naver.com
• 연락처 : 010 - 0022 - 0000
※ 이메일 및 SNS 수신동의 여부 : 예

▶ 신청인 정보

성　　　명:
영 문 성 명:
자 택 주 소: ［우편번호 찾기］

이　메　일:
연　락　처:

이메일 및 SNS 수신동의 여부 : ○ 예　○ 아니오
※ [예] 선택시 발급 결과를 이메일과 문자로 받으실 수 있습니다.

정답 및 해설

디딤돌 학습 정답

모바일 기본 기능 익히기

01. 모바일 기기 실행하기
1 ②　　　**2** ②　　　**3** ③　　　**4** ⑤

02. 앱 설치하고 실행하기
1 ③　　　**2** ④　　　**3** ④　　　**4** ①

03. 검색 방법 익히기
3 3번

04. QR코드 스캔하기
1 ①　　　**2** ①　　　**3** 시대에듀

PART02

정보 검색 및 앱 활용하기

01. 일반 정보 검색하기
1 ⑤　　　**2** ④　　　**3** ②　　　**4** ⑤

02. 생활 정보 검색하기
1 ②　　　**2** ④　　　**3** ⑤　　　**4** ①

03. 이미지 검색하기
1 　　　**2**

3 　　　**4**

04. 어학 사전 검색하기
1 ⑤　　　**2** ④
3 近朱者赤　　　**4** 磨斧爲針

05. 지도 검색하기
1 ②　　　**2** ③

3 각자 현재 위치에서 두 번째로 가까운 주유소의 경유 가격을 찾아봅니다.

4

06. 계산하기
1 ③　　　**2** ⑤　　　**3** ①

07. 바코드 검색하기
1 9791125474586　　　**2** 시대인
3 ③　　　**4** ⑤

08. 작업형 문제 연습하기
1 COVID-19, pandemic
2 176.2, 23.0

09. 입력형 문제 연습하기
1

> I don't know who they think I am
> but I know who I am
> and that's all that matters
> 사람들이 나를 누구로 생각하는지 몰라요
> 하지만, 나는 내가 누구인지 알아요
> 그것이 유일하게 중요한 문제랍니다

2

회원가입	
아이디	pinkangel
비밀번호	●●●●●●●●
비밀번호 재확인	●●●●●●●●
이름	홍길순
생년월일	1975 5 6
성별	여자
휴대전화	010 - 234 - 5678 　인증번호 받기
인증번호	1157
	가입하기

실전 모의고사 01회

1

정답 ②

풀이 '김대중도서관'을 검색해서 주소를 확인합니다. 다시 검색창에 '보건복지부'를 검색하여 해당 사이트에 접속합니다. 사이트 아래쪽의 찾아보기에서 '응급실'을 터치한 후, 시구동 선택에서 '서울시, 마포구, 동교동'으로 설정하여 검색합니다. 지도가 동교동으로 검색되면 지도에서 '김대중도서관'을 터치합니다. 오른쪽에 거리순으로 응급실이 검색됩니다.

2

정답 ④

풀이 '92회 아카데미'를 검색한 후, 남우주연상을 수상한 사람이 누구인지 확인합니다.

3

정답 ①

풀이 '특허검색'을 검색한 후, 검색 목록에서 '특허정보검색서비스'를 터치하여 접속합니다. 검색창에 '상표'를 설정한 후, '부산국제영화제'를 검색하여 문제에서 제시한 디자인과 동일한 상표의 출원번호를 확인합니다.

4

정답 ⑤

풀이 '보이스피싱 신고번호'를 검색한 후, 검색 목록에서 '보이스피싱 지킴이'를 터치하여 접속하면 신고 절차 및 전화번호 등이 안내되어 있습니다.

5

정답 ④

풀이 '검역감염병 오염지역 2020년 2월 12일'을 검색한 후, 검색 목록에서 해당 내용을 터치하면 각 감염병별 감시기간을 확인할 수 있습니다. 코로나바이러스 감염증-19의 감시시간은 14일로 되어 있습니다.

6

정답 ⑤

풀이 '통계청'을 검색하여 검색 목록에서 통계청에 접속합니다. 통계청의 검색창에 '2020년 4월 인구 동향'을 검색합니다. 검색 결과에서 '2020년 4월 인구동향(출생, 사망, 혼인, 이혼)'을 터치한 후, 첨부파일에서 [미리보기]를 터치합니다. 아래쪽 더보기에서 [페이지내 검색]을 터치하여 '출생아'를 검색한 후, ∨를 터치하여 시도별 출생아 수에서 경기 출생아 수를 확인합니다.

7

정답 ②

풀이 '고속도로 통행요금'을 검색하여 '한국도로공사'를 터치하여 접속합니다. [고속도로] – [통행요금] – [통행요금조회]에서 출발은 '당진', 도착은 '고창'으로 설정하여 1종 차량의 통행요금을 알아봅니다.

8

정답 ②

풀이 '인류 전체 지능의 총합'을 검색하면 '특이점'임을 알 수 있습니다.

9

정답 ④

풀이 '한국은행' 홈페이지에 접속합니다. [화폐] – [주화] – [우리나라 주화의 변천]을 터치합니다. 100원 주화에서 도안 및 소재가 변경된 날짜를 확인합니다.

10

정답 ⑤

풀이 '43차 유네스코 세계유산위원회'를 검색하면 한국의 서원 9곳이 등재되었다는 것을 알 수 있습니다.

11

정답 ③

풀이 '하나은행'을 검색하여 접속합니다. 하나은행의 [메뉴]에서 [환전/환율] – [일일변동내역조회]를 터치합니다. 통화에서 [SEK:크로나(스웨덴)]으로 설정한 후, 조회월을 설정합니다. [조회] 단추를 터치하여 해당 날짜의 매매기준율에서 확인합니다.

12

정답 ①

풀이 '이른 가을에 부는 선선한 바람'을 검색하면 '색바람'임을 알 수 있습니다.

13

정답 ②

풀이 '백자 동화매국문 병'을 검색하면 국보 제168호였던 것을 알 수 있습니다. [계산기] 앱을 실행하여 계산식의 국가문화재 지정번호에 '168'을 넣고 계산식을 그대로 입력하여 계산합니다.

14

정답 자메이카

풀이 '2020 세계 언론 자유 지수'를 검색하여 뉴스 기사에서 2020년 세계 언론 자유 지수 6위가 '자메이카'임을 확인합니다.

15

정답 미곡류

풀이 '친환경농축산물 인증번호'를 검색하여 검색된 사이트 중 '친환경농산물 정보시스템'에 접속합니다. 인증정보 검색창에 인증번호를 입력하여 검색 한 후, 대표품목을 확인합니다.

16

정답 32.8℃

풀이 '2020년 서울 첫 폭염주의보'를 검색하여 첫 폭염주의보가 발효된 날짜를 찾아본 후, '기상청'에 접속하여 [현재날씨]에서 [과거자료]에서 터치하여 6월로 설정하여 해당 날짜의 최고기온을 확인합니다.

17

정답 伯俞之孝

풀이 '백유의 효도'를 검색하면 백유지효라는 것을 알 수 있습니다. 검색된 페이지에서 백유지효의 한자인 伯俞之孝를 길게 눌러서 복사한 후, 답안지에 붙여넣기 합니다.

18

정답

풀이 '1980년에 설립된 문화재청 산하의 공공기관'을 검색합니다. 웹사이트 중 '한국문화재재단'을 터치한 후, [재단소개] – [재단CI]에서 심볼마크의 이미지를 길게 누른 후 팝업 창에서 [내 휴대폰: 이미지 저장]을 터치합니다. 답안지에서 저장한 이미지를 불러옵니다.

19

정답

수강신청서	
성 명 :	홍길순
생년월일 :	570202 (생년월일6자리)
교육분야 :	IoT 데이터분석
교육과정 :	빅데이터 분석
희망일자 :	2021. 1.9 14:30 ~ 16:30

정답 및 해설

실전 모의고사 02회

1

정답 ④

풀이 다음 앱의 꽃 검색 또는 네이버 앱의 스마트렌즈로 이미지를 촬영하면 붉은토끼풀임을 알 수 있습니다.

2

정답 ②

풀이 '창경궁' 홈페이지에 접속한 후, [관람안내] – [관람 정보] – [관람요금 및 시간]에서 무료관람대상자에 대해서 찾아보면 만25세 대학생은 관람요금이 유료임을 알 수 있습니다.

3

정답 ②

풀이 '특허검색'을 검색한 후, 검색 목록에서 '특허정보검색서비스'를 터치하여 접속합니다. 검색창에 '상표'를 설정한 후, '서울경찰'이라고 검색하여 문제에서 제시한 디자인과 동일한 상표의 출원번호를 확인합니다.

4

정답 ③

풀이 '10분 이내의 짧은 분량의 영상'을 검색한 후, 카테고리에서 [지식 백과]를 터치하면 검색목록에서 '숏폼 콘텐츠'임을 알 수 있습니다.

5

정답 ①

풀이 '2020년 G7 개최국'을 검색하면 '미국'으로 예정되어 있으며 한 차례 연기되어 2020년 9월에 열릴 예정입니다.

6

정답 ⑤

풀이 '2020년 6월 국내인구이동결과'를 검색하여 검색 목록에서 통계청의 자료에 접속합니다. 6월 경기도 순유입 인원을 확인합니다.

7

정답 ③

풀이 '사적 문화재 제116호'를 검색하면 해미읍성임을 알 수 있습니다. [네이버 지도] 앱에서 출발지와 도착지를 해미읍성과 서산고등학교로 설정한 후, 도보로 경로를 검색합니다. [네이버 지도] 앱에서는 7분, [카카오 맵] 앱에서는 6분이 소요되는 것으로 검색됩니다.

8

정답 ②

풀이 '세계 성 격차 보고서 2020'을 검색하면 뉴스 기사에서 성 격차 지수와 순위를 확인할 수 있습니다.

9

정답 ④

풀이 '한국은행' 홈페이지에 접속합니다. [화폐] – [주화] – [기념주화]를 터치하고 대한민국 역대 기념 주화 중에서 [3.1운동 및 대한민국임시정부 수립 100주년]을 터치하여 내용을 확인합니다.

10

정답 ②

풀이 '여행경보제도'를 검색하여 '외교부 해외안전여행' 사이트에 접속합니다. '여행경보제도'를 터치한 후, [흑색경보]를 터치하여 여행금지 국가를 확인합니다. 레바논은 3단계 적색경보입니다.

11

정답 ⑤

풀이 '하나은행' 홈페이지에 접속합니다. 하나은행의 [메뉴]에서 [환전/환율] – [일일변동내역조회]를 터치합니다. 통화에서 [GBP:파운드(영국)]으로 설정한 후, 조회월을 설정합니다. [조회] 단추를 터치하여 해당 날짜의 매매기준율에서 확인합니다.

12

정답 ①

풀이 '우리나라의 대표적인 왕실 정원'을 검색하면 '창덕궁'임을 알 수 있습니다. 검색창에 '창덕궁 사적 지정번호'를 검색하면 창덕동의 사적 지정 번호가 제122호라는 것을 알 수 있습니다. [계산기] 앱을 실행하여 계산식의 사적문화재 지정번호에 '122'를 넣고 계산식을 그대로 입력하여 계산합니다.

13

정답 ②

풀이 '볼을 이루고 있는 살'을 검색하고 카테고리를 [어학사전]으로 설정하면 바로 확인할 수 있습니다.

14

정답 터너상

풀이 '영국 최고 권위의 미술상'을 검색하면 터너상임을 알 수 있습니다.

15

정답 조미채소류

풀이 '친환경농축산물 인증번호'를 검색하여 검색된 사이트 중 '친환경농산물 정보시스템'에 접속합니다. 인증정보 검색창에 인증번호를 입력하여 검색한 후, 대표품목을 확인합니다.

16

정답 60.5mm

풀이 '기상청' 홈페이지에 접속한 후, [과거자료]에서 [요소별자료] 탭을 터치하고 지점은 [서울(유)], 년도는 [2020년], 요소는 [강수량]으로 설정한 후, [선택] 단추를 터치합니다. 1월의 합계를 확인합니다.

17

정답 比翼鳥

풀이 '짝을 짓지 않으면 날지 못한다는 새'를 검색하면 비익조라는 것을 알 수 있습니다. 검색된 페이지에서 비익조의 한자인 比翼鳥를 길게 눌러서 복사한 후, 답안지에 붙여넣기 합니다.

18

정답 질문 : 책 제목은 무엇인가요?
답변 : 너, 프레젠테이션 처음이지?!
질문 : 책을 발행한 출판사 이름은 무엇인가요?
답변 : 시대인

풀이 [네이버] 앱에서 그린닷을 터치한 후, [렌즈]를 터치하여 [QR/바코드]로 설정하고 바코드를 렌즈에 비추어 인식되면 상단에 결과창이 보입니다. 결과창을 터치하여 결과 페이지가 나타나면 책 제목과 출판사를 확인합니다.

19

정답

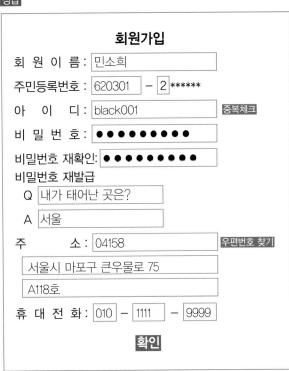

실전 모의고사 03회

1

정답 ⑤

풀이 '한국은행' 홈페이지에 접속합니다. [화폐] – [주화] – [기념주화]를 터치하고 대한민국 역대 기념 주화 중에서 [한국의 국립공원(속리산, 내장산, 경주) 기념주화]를 터치합니다. 경주 기념주화의 도안 중 뒷면의 도안을 확인합니다.

2

정답 ②

풀이 '외교부 무사증입국국가'를 검색한 후, 검색 목록 중 비자 관련 웹사이트를 터치하여 확인합니다.

3

정답 ⑤

풀이 '유네스코 세계유산 한국의 산사 7곳'을 검색한 후, 카테고리에서 [이미지]를 터치하면 지도로 7곳을 표시한 이미지를 통해 가장 남쪽에 있는 산사를 알 수 있습니다.

4

정답 ③

풀이 '공공와이파이'를 검색한 후, 사이트에 접속합니다. 시도 선택은 [제주특별자치도], 시군구 선택은 [서귀포시], 장소명은 [정방폭포]를 입력한 후, [검색] 단추를 클릭하여 공공와이파이의 개수를 확인합니다.

5

정답 ①

풀이 '2020년 동계 청소년 올림픽'을 검색한 후, 검색 목록 중 메달집계 웹페이지에서 1위 국가를 찾습니다.

6

정답 ④

풀이 '2020년 5월 온라인쇼핑 동향'을 검색하여 검색 목록 중 통계청에서 제공하는 목록을 터치합니다. 2020년 5월 온라인쇼핑 동향에서 모바일 쇼핑 거래액 비중을 찾아볼 수 있습니다.

7

정답 ⑤

풀이 '공항철도'를 검색하여 사이트에 접속합니다. 공항철도 핵심 가이드의 [열차소개]를 터치하면 직통열차와 일반열차의 운임안내에서 요금 등을 확인할 수 있습니다.

8

정답 ②

풀이 '너무 과한 정보'를 검색하면 'TMI(Too Much Information)'의 줄임말임을 알 수 있습니다.

9

정답 ①

풀이 '우리나라의 해양 보호 생물을 소재로 시리즈 우표'를 검색하면 5년동안 발행되는 우표시리즈에 대해서 알 수 있습니다. 2018년에는 해양 포유류 4종 남방큰돌고래, 상괭이, 점박이물범, 물개이 우표가 발행되었다.

10

정답 ⑤

풀이 '최고 현존 사리공예품 국보'를 검색하면 '부여 왕흥사지 출토 사리기'임을 알 수 있습니다. 검색창에 다시 '부여 왕흥사지 출토 사리기'를 검색하여 확인해 보고, 국가문화재 지정번호도 알아볼 수 있습니다.

11

정답 ①

풀이 '국토교통부 실거래가'를 검색하여 접속합니다. 메뉴에서 [아파트]를 터치하여 검색에 기준년도, 시도, 시군구, 읍면동을 입력한 후, 검색하여 확인합니다.

12

정답 ④

풀이 '무엇이든지 잘 아는 체하는 사람'을 검색하면 '안다니'임을 알 수 있습니다.

13

정답 ⑤

풀이 '2020년 뉴베리 대상'을 검색하여 수상작을 확인한 후, 검색창에 다시 '뉴키드 isbn'을 입력하여 검색합니다. ISBN을 확인한 후, [계산기] 앱을 실행하여 계산식에 ISBN 번호를 넣고 계산식을 그대로 입력하여 계산합니다.

14

정답 A36

풀이 '한국표준질병분류'를 검색하여 검색된 목록 중 '질병분류 정보센터'에 접속하여 검색창에 '디프테리아'를 입력하여 부호를 확인합니다.

15

정답 엽경채류

풀이 '친환경농축산물 인증번호'를 검색하여 검색된 사이트 중 '친환경농산물 정보시스템'에 접속합니다. 인증정보 검색창에 인증번호를 입력하여 검색한 후, 대표품목을 확인합니다.

16

정답 7.5cm

풀이 기상청 홈페이지에 접속한 후, [과거자료]에서 [요소별자료] 탭을 터치하고 지점은 [전주(유)], 년도는 [2020년], 요소는 [신적설]로 설정한 후, [선택] 단추를 터치합니다. 2월의 최대를 확인합니다.

17

정답 近朱者赤

풀이 '붉은빛에 가까이 하면 반드시 붉게 된다'를 검색하면 근주자적이라는 것을 알 수 있습니다. 검색된 페이지에서 근주자적의 한자인 近朱者赤를 길게 눌러서 복사한 후, 답안지에 붙여넣기 합니다.

18

정답 질문 : 제17호 태풍의 이름은 무엇인가요?
답변 : 타파
질문 : 제13호, 제17호 태풍이 발생한 달에 성산 무인관서에서 관측한 월강수량은 몇 mm인가요(소수첫째자리까지 표시)?
답변 : 613.3

풀이 '2019년 제17호 태풍'을 검색하여 17호 태풍의 이름이 타파인 것을 확인한 후, '기상청' 홈페이지에 접속합니다. [과거자료]에서 [요소별자료] 탭에서 지점은 [성산 (무)], 년도 [2019], 요소는 [강수량]으로 설정합니다. 두 태풍이 발생한 달이 '9월'이므로 9월 달의 합계를 확인하여 응답합니다.

19

정답

By the time Beethoven was 50
he was totally deaf
While he could no longer hear with his ears
he could hear the music perfectly in his mind
Beethoven composed some of his greatest music
when he was deaf
One of these pieces was his Symphony no.9
베토벤이 50이 되었을 때
그는 완전한 귀가 멀어버렸다
그가 더이상 귀로 소리를 들을 수 없게 된 반면
그는 마음으로 음악을 완벽하게 들을 수 있었다
베토벤은 청각장애인이 되었을 때
그의 가장 훌륭한 곡들 중 몇곡을 작곡하였다
그 중의 하나는 9번 교향곡이었다

실전 모의고사 04회

1

정답 ④

풀이 검색창에 버스 정류장 번호를 입력하고 검색하면 장사항 정류장과 설악산입구 정류장이 검색됩니다. 55번 버스는 설악산입구 정류장까지 운행하지는 않습니다.

2

정답 ②

풀이 검색창에서 '스트리밍'을 입력하여 검색합니다. 카테고리에서 [어학사전]을 터치한 후, 스트리밍의 검색결과를 확인합니다. 같은 방법으로 '멀티호밍', '이더넷', '호스팅', '도메인'을 검색하여 결과를 확인합니다.

3

정답 ④

풀이 '특허검색'을 검색한 후, 검색 목록에서 '특허정보검색서비스'를 터치하여 접속합니다. 검색창을 '상표'로 설정한 후, '해치서울'을 검색하여 문제에서 제시한 디자인과 동일한 상표의 출원번호를 확인합니다.

4

정답 ①

풀이 '서울외곽순환도로 명칭'을 검색하면 변경되는 명칭을 찾아볼 수 있습니다.

5

정답 ②

풀이 인천국제공항 홈페이지에 접속한 후, 메뉴에서 [교통 · 주차] – [주차안내]를 터치합니다. [주차 요금]의 [예상 주차요금 확인하기]를 터치하여 주차요금 계산기 창에서 날짜/시간, 분류, 차종, 감면대상을 설정하고 [주차요금 계산하기]를 터치하여 계산합니다.

6

정답 ①

풀이 '통계청' 홈페이지에 접속한 후, '2019년 국제인구이동'을 검색하여 웹사이트에 검색된 결과를 터치합니다. 2019년 국제인구이동의 주요 결과를 알아볼 수 있습니다.

7

정답 ②

풀이 '형제자매 사이의 우애와 정'을 검색하면 '띠앗머리'임을 알 수 있습니다.

8

정답 ⑤

풀이 '경기도박물관 재개관 특별전'을 검색하면 알 수 있습니다.

9

정답 ③

풀이 '제2호 태풍 누리 의미'를 검색하면 의미를 알 수 있습니다.

10

정답 ①

풀이 '전국 주유소의 판매가격 실시간으로 조사'를 검색하면 '오피넷'임을 알 수 있습니다.

11

정답 ①

풀이 '2019년 U-20 결승전'을 검색한 후, 카테고리에서 [지식백과]를 터치하면 결승전 경기장 정보까지 볼 수 있습니다.

12

정답 ②

풀이 '43회 일본 아카데미 시상식'을 검색하여 심은경 배우가 최우수 여우주연상을 어떤 영화로 받았는지 확인합니다.

13

정답 ③

풀이 '익산 왕궁리 오층석탑 사리장엄구'를 검색하면 국보 제123호임을 알 수 있습니다. [계산기] 앱을 실행하여 계산식의 국가문화재 지정번호에 '123'을 넣고 계산식을 그대로 입력하여 계산합니다.

14

정답 날짜에 따라 다름

풀이 '여객선 예매'를 검색하여 '가고싶은 섬' 사이트에 접속합니다. [유용한 운행정보] – [시간표/요금조회]를 터치한 후, [항로 검색] 단추를 터치하여 도착지는 '울릉도'를 선택합니다. 출발지를 '후포'로 선택한 후, [선택 완료] 단추를 터치합니다. 날짜를 설정하면 해당 날짜의 운행시간표를 볼 수 있습니다.

15

정답 합격

풀이 '축산물이력제'를 검색하여 검색된 사이트에 접속한 후, 이력번호 검색창에 이력번호를 입력하여 검색하면 도축 검사 결과를 알 수 있습니다.

16

정답 종로3가역

풀이 '서울특별시 유형문화재 제7호'를 검색하면 '성제묘'라는 것을 알 수 있습니다. [네이버 지도] 앱에서 출발지는 독립문으로, 도착지는 성제묘로 설정하여 검색하면 환승역이 '종로3가역'임을 알 수 있습니다.

17

정답 肝膽相照

풀이 '간과 쓸개를 내놓고 서로에게 내보인다'로 검색하면 간담상조라는 것을 알 수 있습니다. 검색된 페이지에서 간담상조의 한자인 肝膽相照를 길게 눌러서 복사한 후, 답안지에 붙여넣기 합니다.

18

정답

풀이 발행처인 우정사업본부 사이트에 접속하여 '허황후 우표'나 '김수로왕 우표'를 검색하여 해당 게시판의 글을 터치한 후, 첨부되어 있는 파일을 터치하여 우표를 내 폰에 다운로드할 수 있습니다. 답안지에 불러와서 제출합니다.

19

정답

수강신청서	
성　　　　명 :	홍길순
생 년 월 일 :	990728　　　　(생년월일6자리)
교 육 분 류 :	자격증 대비
교 육 과 정 :	컴퓨터활용능력2급
교 육 기 간 :	2021년 2월 18일 ～ 2021년 2월 28일

정답 및 해설

PART03

실전 모의고사 05회

1

정답 ①

풀이 '2021년 월 환산 기준시간 수 209시간'을 검색하면 월 임금액이 '1,822,480원'임을 알 수 있습니다. 다시 검색창에 '국민공단 4대보험 간편계산기'를 검색합니다. 4대보험 간편계산기에서 [고용보험료 계산]을 터치하고 근로자수 수 선택에 '150인 미만', 신고소득월액에 '1,822,480원'를 입력하고 계산합니다. 총액, 근로자 부담액, 사업자 부담액으로 계산되므로, 이 중 근로자 부담액을 확인해서 답을 선택합니다.

2

정답 ⑤

풀이 '국가보훈처'를 검색하여 접속한 후, 메뉴에서 [보훈인물] – [이달의 독립운동가]를 터치하고 아래쪽의 ●를 터치하여 연도를 설정하고 연도별, 월별 선정된 독립운동가를 확인할 수 있습니다.

3

정답 ③

풀이 문자 피싱을 받았을 때는 절대로 전화하거나 URL을 터치하지 말고 받은 문자의 발신인을 수신 차단하고 메시지를 삭제합니다.

4

정답 ②

풀이 '초고속 멀티미디어 인터페이스'를 검색하면 HDMI임을 알 수 있습니다.

5

정답 ②

풀이 '2020년 올림픽'을 검색하면 개최도시가 '도쿄'임을 알 수 있습니다.

6

정답 ①

풀이 통계청 홈페이지에 접속하여 검색창에 '정읍시 귀농인수'를 검색하면 '시도별(시군별) · 성별 귀농가구원' 통계자료가 검색됩니다. 터치하여 정읍시의 귀농인수를 확인해 봅니다. 다른 연도의 귀농인수를 추가해서 보려면 해당 창에서 [일괄설정] 단추를 터치하여 추가하고 싶은 연도 등 다른 추가 항목을 선택하여 설정을 변경하여서 통계자료를 볼 수 있습니다.

7

정답 ⑤

풀이 검색창에 버스 정류장 번호를 입력하고 검색하면 경포해변이 검색됩니다. 터치하면 운행 중인 버스는 2대이고, 주말운행하는 버스 번호를 확인할 수 있습니다.

8

정답 ②

풀이 '한국배구연맹'을 검색하여 한국배구연맹 사이트에 접속합니다. [GAME] – [V−리그] – [경기일정 및 결과]를 터치하여 날짜를 [2020년 3월]로 설정하고 해당 날짜의 결과를 확인합니다. 경기의 [상세결과]를 터치하여 어느 경기가 의정부체육관에서 경기를 있었고, 어느 팀이 이겼는지 확인합니다.

9

정답 ②

풀이 '우체국'을 검색하여 인터넷우체국에 접속합니다. 메뉴에서 [우편요금 조회]를 터치합니다. [우편요금 조회]에서 [국내등기] 탭을 터치하고 우편물 정보를 문제에서 지시하는대로 설정한 후, [요금계산]을 터치합니다.

10

정답 ①

풀이 '최초의 태양의 남극과 북극 관측 우주탐사선'을 검색하면 '솔라 오비터'임을 알 수 있습니다. 솔라 오비터를 검색하여 발사일을 찾아봅니다.

11

정답 ③

풀이 '하나은행'을 검색하여 접속합니다. 하나은행의 메뉴에서 [환전/환율] – [일일변동내역조회]를 터치합니다. 통화에서 [BND:달러(부르나이)]로 설정한 후, 조회일을 설정합니다. [조회] 단추를 터치하여 해당 날짜의 매매기준율에서 확인합니다.

12

정답 ①

풀이 '잠깐 깨었다가 드는 잠'을 검색하면 '그루잠'임을 알 수 있습니다.

13

정답 ③

풀이 [네이버] 앱의 그린닷의 [렌즈]를 터치하여서 바코드를 판독한 후, 책의 ISBN을 확인하고 계산식에 넣어서 계산합니다.

14

정답 창덕궁 부용정

풀이 우정사업본부 홈페이지에 접속하여 메뉴의 [검색]을 터치한 후, 검색창에 '궁궐'이라고 입력하여 검색한 후, '한국의 옛 건축 시리즈'궁궐'우표 발행' 게시글을 터치하여 첨부된 파일을 저장한 후 궁궐 이미지를 확인하여 궁궐 이름을 입력합니다.

15

정답 한우

풀이 '축산물이력제'를 검색하여 검색된 사이트에 접속한 후, 이력번호 검색창에 이력번호를 입력하여 검색하면 소의 종류를 확인할 수 있습니다.

16

정답 질문 : 도착지 공항은 어느 나라(국가명)인가요?
답변 : 캐나다
질문 : 도착지 공항은 어느 도시(도시명)인가요?
답변 : 토론토

풀이 탑승권에 도착지는 'To'에 표시되므로 도착지에 해당하는 'YYZ'를 검색창에 입력하여 검색하면 캐나다 토론토임을 알 수 있습니다.

17

정답 消磨歲月

풀이 '닳아서 없어지는 세월'을 검색하면 소마세월이라는 것을 알 수 있습니다. 검색된 페이지에서 소마세월의 한자 消磨歲月를 길게 눌러서 복사한 후, 답안지에 붙여넣기 합니다.

정답 및 해설

18

정답

풀이 [네이버 지도] 앱의 검색창에 '담티역'을 검색한 후,
주변에 대륜중학교를 터치하여 위치 아이콘을 이동
합니다. 지도를 드래그하여 담티역이 지도의 가운데
에 오게 한 후 캡처합니다. 캡처 화면을 오른쪽 이미
지처럼 자르기하여 저장합니다.

19

정답

▶ **신청인 정보**

성 명 :	홍길동
영 문 성 명 :	HONGGILDONG
자 택 주 소 :	04158 우편번호 찾기
	서울시 마포구 큰우물로 75
	F01호
이 메 일 :	aaa123@naver.com
연 락 처 :	01000220000

이메일 및 SMS 수신동의 여부 : ◉ 예 ○ 아니오
※ [예] 선택시 발급 결과를 이메일과 문자로 받으실 수 있습니다.

좋은 책을 만드는 길
독자님과 함께하겠습니다.

도서에 궁금한 점, 아쉬운 점, 만족스러운 점이
있으시다면 어떤 의견이라도 말씀해 주세요.
시대인은 독자님의 의견을 모아 더 좋은 책으로 보답하겠습니다.

www.edusd.co.kr

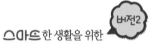
스마트한 생활을 위한 [버전2] 모바일 정보검색 [스마트폰 활용]

초 판 발 행	2020년 09월 25일
발 행 인	박영일
책 임 편 집	이해욱
집 필	정동임
편 집 진 행	임채현
표지디자인	김도연
편집디자인	신해니
발 행 처	시대인
공 급 처	(주)시대고시기획
출 판 등 록	제 10-1521호
주 소	서울시 마포구 큰우물로 75 [도화동 538 성지 B/D] 9F
전 화	1600-3600
팩 스	02-701-8823
홈 페 이 지	www.edusd.co.kr
I S B N	979-11-254-8018-1 (13000)
정 가	10,000원